売上管理実習

寺澤 進吾 著

職業訓練法人H＆A

◇ 発行にあたって

　当法人では、人材育成に係る教材開発を手掛けており、本書は愛知県刈谷市にあります ARMS 株式会社（ARMS 研修センター）の新入社員研修を進行する上で使用するテキストとして編集いたしました。

　ARMS 研修センターの新入社員研修の教育プログラムでは、営業コースをはじめ、オフィスビジネスコース、機械加工コース、プレス溶接加工コース、樹脂加工コースなど全 18 種類の豊富なコースを提供しております。また、昨今の新型コロナウイルス感染拡大を受け、Zoom※でのネット受講でも使用できるように、できる限りわかりやすくまとめましたが、対面授業で使用するテキストを想定しているため、内容に不備があることもございます。その点、ご理解をいただければと思います。

　本書では新入社員研修の内容をご理解いただき、日本の将来を背負う新入社員の教育に役立てていただければ幸いです。

　最後に、本書の刊行に際して、ご多忙にもかかわらずご協力をいただいたご執筆者の方々に心から御礼申し上げます。

2021 年 3 月

職業訓練法人　H&A

※Zoom は、パソコンやスマートフォンを使って、セミナーやミーティングをオンラインで開催するために開発されたアプリです。

本書で使用するデータ（Excel）は以下の URL、または右の QR コードよりダウンロードをお願いします。

https://www.sankeisha.com/h-a/2/

◇ 目次

第3章　請求書の作成

第 1 章

企業で使われる
帳票類

01 利益の追求も企業活動の１つ

■ 企業活動とは

　企業活動とは企業が行う具体的な活動全般を総称して言います。

　昨今では自社の企業活動が社会へ与える影響に責任を持とうとする企業が増えてきていますが、少し前までは企業の第一の目的は「利益の追求」だと言われていました。それでは、企業は「利益の追求」や「売上拡大」をしなくてもよいのでしょうか？答えはもちろん NO です。「利益の追求」も大変重要な企業活動の１つです。

　それでは、「利益の追求」をするにはどのくらい利益を上げればよいのか？その利益を上げるにはどのくらい売上があればよいのか？目標の利益・売上まであとどれくらい足りないのか？など明確な基準値がわかっていないと企業活動を活発に行うことができません。

　そこで必要になるものが売上管理です。

　本書では、売上管理を学びながら、パソコンを使って売上管理における重要な帳票である「請求書の作成」を解説していきます。

02 売上管理と帳票類、その流れ

　売上管理とは、会社のモノ（商品）の流れとお金（代金）の流れに関する情報を管理することです。「何を・いつ・どこに・いくらで・どれくらい」販売し、どのように代金を回収するのか、それぞれのプロセスで発生する情報を管理していきます。

　売上管理の業務に携わるようになったら、まずはどのように商品を販売しているのか、一連のプロセスを理解しておきましょう。

1．売上までのプロセス

　一般的に、「売上」は以下のようなプロセスで行います。

（1）引合
　得意先またはその見込客などから「何を、どれだけ欲しい」など、商品や取引に関する依頼や問い合わせが入ることを「引合（ひきあい）」といいます。

（2）見積
　引合がきたら「誰に、何を、いつ、どれだけ、どのような条件で、いくらで売るか、など」を決めて、その内容を「見積書（みつもりしょ）」として得意先に提示します。その場合、宛先は得意先名、差出人は自社となります。
　「見積書」は相手先に対して会社が正式に提出する書類となりますので、社内で見積書の内容を確認・承認を得た上で提出する必要があります。

（3）注文
　「見積書」を得意先が承認すると、見積内容に沿って「注文書」を得意先から受け取ります。この注文書は、得意先から自社宛てに発行されます。

（4）受注
　得意先からの注文書記載の条件で注文を受ける意思表示を「注文請書」という書類で得意先に提出します。この「注文請書」は、自社が差出人で宛先は得意先です。
　ただし、案件や取引の状況によっては、「注文請書」のやり取りを省略する場合もあります。
　各々条件に合意したことが確認できた状態を「受注」といいます。

（5）納品・出庫
　受注後は、取引条件に従って商品を引き渡します。この行為を「納品」といいます。在庫から商品を納品する場合は、倉庫などから「出庫」というプロセスを経ることになります。

（6）請求

　商品を納品したのち、商品代金の請求をします。そのとき、取引先に対して「請求書（せいきゅうしょ）」を発行します。

　請求項目、入金日、振込口座などの請求書に記載される取引条件は、あらかじめ得意先との間で「基本契約書」などによって定められています。

　販売のプロセスでは、取引条件の確認や、発注・受注・納品といった取引がなされたことを記録するため取引ごとに帳票を発行します。どのような帳票が発行されるのかを把握し理解します。

2．引合に対する帳票「見積書」

　取引先より「引合」がきたら、「見積書」を作成します。見積書は販売の取引条件を示す帳票です。

　見積書は、業界業種および企業ごとにどのような内容、書式にするか様々であり、作成方法も単に仕入金額に利益を計上するだけのものや、複雑な計算をもとに大きな労力を伴うものもあります。

　見積書に記載される内容には、概ね下記の項目があります。

① **日付**
　　見積書の作成日（または、提示日）

② **見積番号**
　　見積りごとに通し番号を記載して、再見積りなどの際に時系列で追えるようにする

③ **相手先**
　　見積書の提示先（取引先）を記載する

④ **決済条件**
　　見積り時点で、契約時の決済条件を明示する

⑤ **見積有効期限**
　　見積書に記載の内容が担保される期間を明示する

⑥ **自社名および担当部署（担当者）**
　　見積の作成者（提示者）を記載

⑦ **見積内容**
　　品番、品名、数量、単位、単価、小計および合計金額などを記載する

⑧ **備考**
　　見積りにおける特筆条件を記載する

見積書イメージ

御見積書

見積No.	1234567890
見積日	2016/04/01

〒123-4567
東京都●●区●●町1-2-3
　　　　　　　　　　　　●●●ビル内

株式会社○○○○○商会 御中

下記のとおり、御見積もり申し上げます。

株式会社●●●●
〒123-4567　東京都○○区○○町1-2-3
　　　　　　　　　　　　　○○○ビル1階
TEL：01-2345-6789　FAX：01-2345-6790

合計金額	¥745,200
支払条件	月末締め翌月末払い
有効期限	御見積後2週間

品　　名	数量	単位	単価	金　額	摘要
○○○○○○	10	個	9,000	90,000	○○○○○○○○
○○○○○○一式	5	セット	120,000	600,000	○○○○○○○○○

3．受注に対する帳票「注文請書」

　取引先（見積書の提示先）との間で、見積書の取引条件で合意すると、注文が成立します。これを受注といいます。（取引先から「注文書」が発行され、受注となる場合もあります。）受注が決定してから作成をするのが「注文請書」です。受注した注文内容を取引先と相互に確認するための帳票です。

　注文請書の書式も見積書と同様に、業界業種によって様々な書式や作成方法があります。また、継続的に取引先関係がある場合においては見積書に記載した決済条件や有効期限などを省略して、有効期限を経過したものでも再見積りをせずに注文請書に記載することがあります。

収入印紙のイメージ

　注文請書には、取引金額によって「収入印紙」を貼ります。収入印紙とは、注文請書の作成者に対する税の徴収に使われるものです。印紙を証書・帳簿などに貼って消印する方法で納税されます。取引金額に応じた収入印紙の額（税額）は変動します。

注文請書に貼る「収入印紙額」は下記の通りになります。

記載された契約金額	税額
1 万円未満のもの	非課税
1 万円以上 100 万円以下のもの	200 円
100 万円を超え 200 万円以下のもの	400 円
200 万円を超え 300 万円以下のもの	1,000 円
300 万円を超え 500 万円以下のもの	2,000 円
500 万円を超え 1,000 万円以下のもの	1 万円
1,000 万円を超え 5,000 万円以下のもの	2 万円
5,000 万円を超え 1 億円以下のもの	6 万円
1 億円を超え 5 億円以下のもの	10 万円
5 億円を超え 10 億円以下のもの	20 万円
10 億円を超え 50 億円以下のもの	40 万円
50 億円を超えるもの	60 万円
契約金額の記載のないもの	200 円

4．納品に対する帳票

　注文に応じて商品を納品する際に、「納品書」を発行します。いつ、どこへ、何を納品したかを記録するための帳票です。

　納品書には、納品時に取引先の押印、署名などを受け取ることで納品が無事完了したことを証するケースと、運送事業者などに商品を受け渡した時点で、納品業務が完了したとするケースがあります。

5. 売上のための帳票

自社の商品、サービスなどを納品または提供後、取引先に対して速やかに「請求書」を発行します。取引先に対して、請求書を発行することで「売上」が計上されます。

請求書の書式、記載内容に関しても見積書、注文請書と同様に業界業種または企業ごとに様々な書式があります。また、請求書を発行、送付する際には前述の納品書写し（控え）を添付して、注文請書の通し番号などを記載することで、いつの注文分について請求するのかがわかるようにします。

請求書には、商品名、数量、金額の情報以外に、取引条件にあわせた支払期限や決済方法など取引における基本情報を記載します。

請求書に記載される内容として、概ね以下の項目があります。

請求書のイメージ

① **日付**

請求書の作成日（または、発行日）

② **請求書番号**

請求書ごとに通し番号を記載して、時系列で追えるようにする

③ **相手先**

請求書の送付先（取引先）を記載する

④ **決済条件および支払日**

決済条件と請求金額の支払期日を記載する

⑤ **支払先（振込先）**

自社の銀行口座を明記する

⑥ **自社名および会社印**

請求書の発行元である自社名の記載と自社印を押印する

⑦ **請求内容**

品番、品名、数量、単位、単価、小計、消費税および合計金額などを記載する

⑧ **備考**

請求における特筆条件を記載する

納品書 兼 請求書

○○　株式会社

○○・○○　御中

ご請求金額　　　¥3,300 (税込)

商品番号	品番・品名	数量	単価	金額
NGC-00000	サンプル	1	2円	700
		1	50	500
		1	44	400
		1	10	1,500

第2章

Excelの基本操作

01 Excel 画面の説明

　見積り、受注、納品を経て取引先へ請求書を発行することで、売上計上をします。これら売上計上に至るまでの書類を作成や書類を時系列で管理をするうえで Excel を効果的に活用することができます。

　本書では、様々な帳票を作成するための基礎となる Excel の使い方を学ぶとともに、売上実績を管理の基礎となる請求書作成を習得していきます。

　本書で学ぶ Excel は、ほとんどのパソコンにインストールされており、ビジネスの場において使用する機会の多い表計算ソフトです。営業において、見積書や請求書などの作成にも汎用的に利用されています。

　営業活動において効果的に Excel を使うため、「タブ」や「数式バー」など基本機能を使うための基礎知識を覚えましょう。

　ここでは、Excel の画面構成を説明します。おおまかに各部の名称を理解し、業務に使える環境を整えましょう。

1．タブ、リボン、ダイアログボックス起動ツール

（1）クイックアクセスツールバー

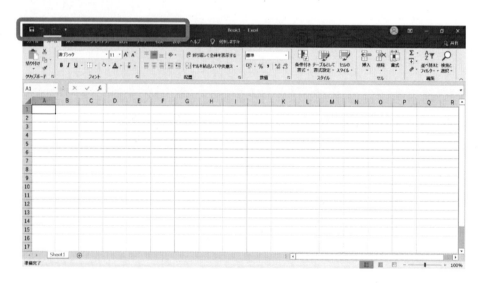

　業務で利用頻度の高いコマンドをお気に入り登録できる「クイックアクセスツールバー」は、最上部に位置しています。コマンドを追加／削除したい場合は、「ファイル」タブを選択し、「オプション」を選択。「Excel のオプション」ダイアログボックス内の「クイックアクセスツールバー」を選択すれば編集が可能になります。

（2）タブ

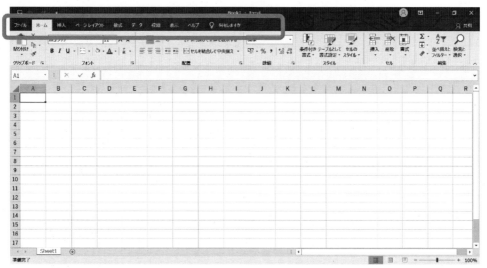

　Excel の各機能を選択できる「タブ」は、クイックアクセスツールバーの下に位置していま
す。目的に合ったタブを選択すると、それに応じた「リボン」が表示されます。

（3）リボン

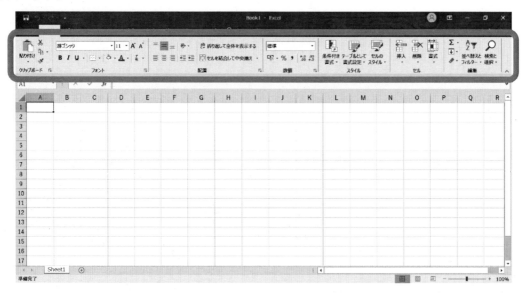

　代表的な機能を表示するコマンドがアイコンで表示されている場所を「リボン」といいます。
　「リボン」は、タブの下に位置しています。それぞれのタブを選択すると、各機能のコマン
ドがアイコン表示されている「リボン」に代わります。
　リボン内のコマンドを追加／削除したい場合は、「ファイル」タブを選択し、「オプション」
を選択。「Excel のオプション」ダイアログボックス内の「リボンのユーザー設定」を選択すれ
ば編集が可能になります。

（4）ダイアログボックス起動ツール

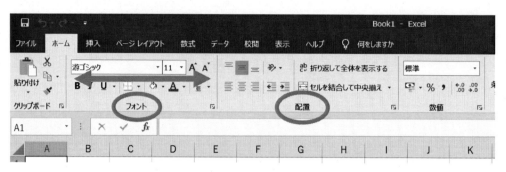

　リボンには様々なコマンドアイコンが配置されています。これらのコマンドアイコンは特定の機能ごとに、いくつかのまとまりに仕切られています。この、仕切られた各まとまりを「グループ」と呼びます。各グループの下部にはグループ名が表示されています。

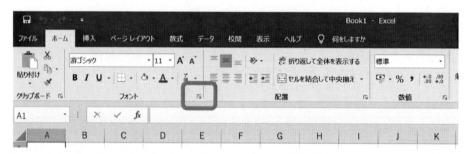

　「グループ」の右下に、小さな「↘」が表示されている場所があります。これが「ダイアログボックス起動ツール」という機能になります。

　ダイアログボックスとは、Excel で表計算や帳票作成をする場合、各グループのボタンを使って様々な操作をしていきます。「詳細な設定」や、「まとめて設定」を行なうときなどに使用します。

（5）ダイアログボックスの例

「フォント」グループの中のダイアログボックス起動ツールをクリックすると、Excel で頻繁に使う「セルの書式設定」のダイアログボックスが出てきます。

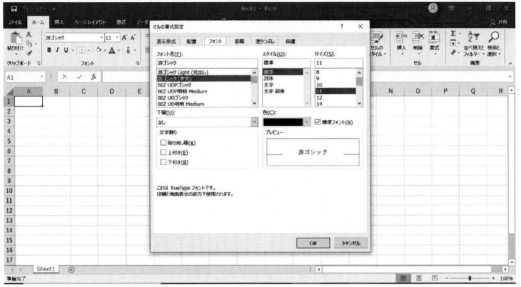

　「フォント」グループのダイアログボックス起動ツールをクリックすると、「セルの書式設定」の「フォント」メニューが出てきます。

　「配置」グループのダイアログボックス起動ツールをクリックすると、「セルの書式設定」の「配置」メニューが出てきます。

　「数値」グループのダイアログボックス起動ツールをクリックすると、「セルの書式設定」の「表示形式」メニューが出てきます。

　それぞれのダイアログボックス起動ツールで、ボタンではカバーしきれなかったメニューを表示させることができます。

2．ワークシート、ステータスバー

（1）ワークシート

　Excel 表計算ソフトでは、作成したデータをファイルとして保存することができます。保存はExcel のブック単位で行います。ブックには、複数のワークシートを含めることができます。ここではブックとワークシートの違いについて理解します。

ワークシートの例

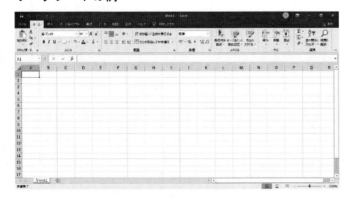

　Excel を起動すると次のような画面が表示されます。中央に大きく表示されているのがワークシートです。ワークシートは表形式に並んだ複数のセルから構成されています。

17

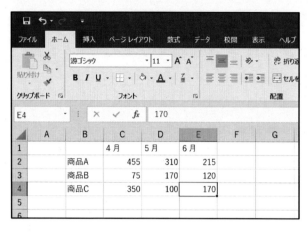

　Excel で使用するデータや数式は、ワークシート内のセルに入力をしていきます。

　Excel では、入力したデータを保存する場合、ワークシート単位でファイルに保存するのではなく、ブックという単位で保存をします。

　ブックとは、複数のワークシートをまとめたもので、1 つのブックに 1 つだけワークシートや、複数のワークシートが含まれている場合もあります。

1 つのワークシートのブック

複数のワークシートのブック

　例えば、業務に必要なデータを管理しようとした場合を考えてみます。請求書を作成する際に必要なデータ項目（請求書、顧客リスト、商品リスト）別にワークシートを分けてデータを管理し、複数のワークシートを 1 つのブックにまとめて 1 つのファイルとして保存しておくことができます。

　データごとにブックを用意して、データ別に別々のファイルとして保存しておくこともできます。

　複数のワークシートを 1 つのブックに保管するには、ワークシートを追加する必要があります。ワークシートをブックに追加する方法は、Excel の画面下に表示されている「⊕」アイコンをクリックすることで追加することができます。

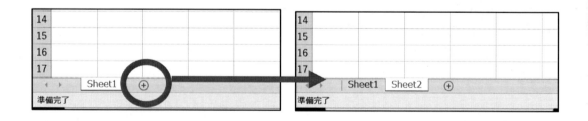

　新しいワークシートが追加されます。同じ手順を行えば、ワークシートをさらに追加することができます。

（2）ステータスバー

　Excelを開くと最下部に表示される帯のことを「ステータスバー」といいます。

　「ステータスバー」には、Excelで表を作成しているときに、Numロックか、スクロールロックか、アクティブセルのページ番号にあるか、セル範囲を選んだとき、「合計」、「平均」、「データの個数」を表示するかといった、様々な情報が表示されます。

　この表示項目を選択することができます。

　ステータスバーのところで右クリックすると下図のような設定の一覧表が表示されます。これらの項目をクリックすることで表示／非表示を切り替えることができます。

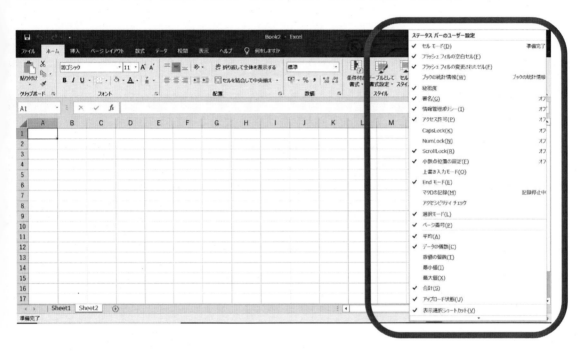

　ステータスバーは、「ステータスバーのユーザー設定」のリストから個別の設定をすることで、様々な表示をすることができます。それらの機能の中でよく使われるものが、「計算結果の確認」です。セルに入力された数値の「平均」、「データの個数」、「合計」は、計算したい範囲を選択するだけで自動的にステータスバーに表示されます。

3．ブック、シート、セル、列、行、数式バー、名前ボックス

（1）ブック、シート

　Excelを起動すると、最初は縦横に線の入った画面が表示されます。これがExcelの作業をする場所で、「シート（sheet）」（ワークシート）といいます。

　この「シート」が1つあるいは複数集まったものを「ブック」と呼びます。ブックは作業の結果を保存できるファイルを意味します。

　Excelで複数の「シート」を1つのファイルとしてまとめ、保存できるようにしたものが「ブック（book）」です。

　「ブック」を新規に作成すると、「Book1」という名前でファイルが開き、初期設定で「Sheet1」という名前でシートが用意されます。

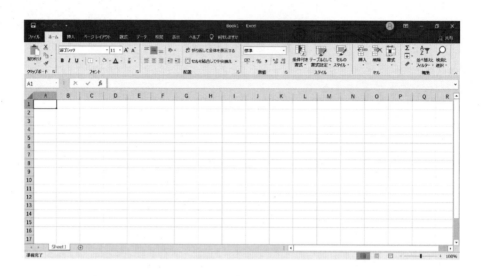

　Excel のシート名は、通常は Seet1、Sheet2、Sheet3 のように自動的に名前がつけられます。このシート名は、作成したデータなどシートの内容に合わせて変更することができます。シートの名前を変更するには、シートタブをダブルクリックするかシートタブを右クリックして名前を変更します。

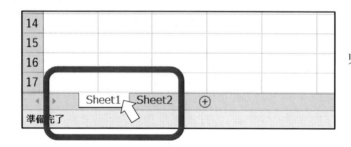

　方法 1：Sheet1 の見出しをダブルクリックする。

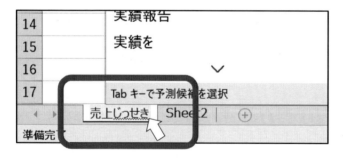

　変更したい名前（表記）を入力する。

　シート見出しの上で右クリックして、「シート」の名称を変更する。

方法2：名前（表記）を変更したいシート見出しの上で右クリックします。

表示されたショートカットメニューより「名前の変更」を選択します。

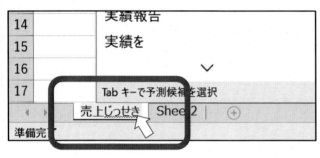

変更したい名前（表記）を入力する。

（2）列、行

Excel のシートには、セルの位置を示すための列番号（アルファベット）と行番号（数字）がシートの上部と左側に表示されています。

列は縦列、行は横列のことを指し示します。

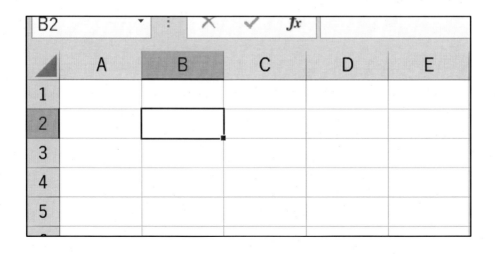

　Excel で表作成をしたのち、列と行を逆にした方が見やすい場合があります。Excel では、表の列と行を簡単な操作で入れ替えることができます。

	大木大輔	加藤史郎	木村和也	工藤公一
国語	68	45	94	98
数学	92	80	90	45
理科	88	65	85	36
社会	75	32	88	85
英語	80	43	92	82

表の列と行を入れ替えます。

	大木大輔	加藤史郎	木村和也	工藤公一
国語	68	45	94	98
数学	92	80	90	45
理科	88	65	85	36
社会	75	32	88	85
英語	80	43	92	82

ドラッグをして表の選択をします。

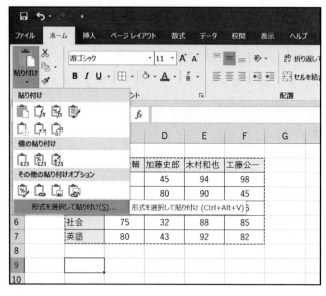

　表をコピーして、貼り付けるセルを選択します。
　リボンの「貼り付けコマンド」をクリックし、「形式を選択して貼り付け」をクリックします。

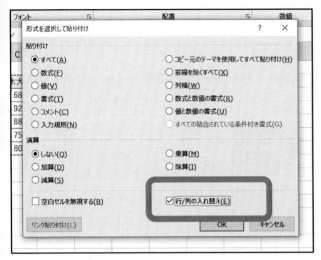

表示されたダイアログボックスの「行/列の入れ替え」にチェックを入れて、「OK」ボタンをクリックします。

表が貼り付けられ、列と行に入力されたデータが入れ替わります。

	大木大輔	加藤史郎	木村和也	工藤公一
国語	68	45	94	98
数学	92	80	90	45
理科	88	65	85	36
社会	75	32	88	85
英語	80	43	92	82

	国語	数学	理科	社会	英語
大木大輔	68	92	88	75	80
加藤史郎	45	80	65	32	43
木村和也	94	90	85	88	92
工藤公一	98	45	36	85	82

（3）数式バー

Excel の「数式バー」は計算をしたり、条件に見合うものを抽出したりする便利なツールです。

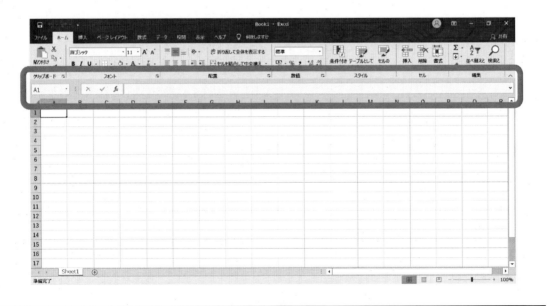

　画像の太線で囲まれた部分が「数式バー」です。

　この場所には、セルに入力された数式や文字列を表示します。また、セルを指定した状態で数値や式などを直接入力することもできます。

　数値データがセルに表示できず「####」となっている場合でも、数式バーには数式、数値および文字列が正確に表示されます。

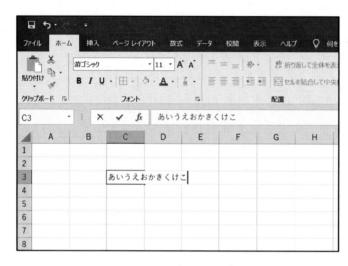

　Excel シートのセルに「あいうえおかきくけこ」と、入力します。同じ文字列が「数式バー」にも連動して表示されます。

　次に、数式バーを使って簡単な計算をしてみます。

	A	B	C	D	E	F	G	H	I	J
1	1	2	3	4	5	6	7	8	9	10
2										
3										
4					+I1+J1					
5										

J1　=A1+B1+C1+D1+E1+F1+G1+H1+I1+J1

　任意のセル（ここでは E4）に「A1 から J1」の数の合計を計算してみます。「E4」をクリックして、数式バーをクリックします。数式バーに「＝」を打ち込むと計算が始まると認識するので、「＝」の後に「A1 クリック」⇒「＋」⇒「B1 クリック」⇒「＋」…と繰り返します。

　「J1 クリック」までして［Enter］キーを押せば、計算が完了します。

E4　=A1+B1+C1+D1+E1+F1+G1+H1+I1+J1

	A	B	C	D	E	F	G	H	I	J	K
1	1	2	3	4	5	6	7	8	9	10	
2											
3											
4					55						
5											

　E4 の合計値は、「55」になります。

「数式バー」の左横にある「*fx*」の記号をクリックすると、「関数の挿入」ダイアログボックスが表示されます。

表計算の用途に応じて最適な関数を選択するときに使います。

（4）名前ボックス

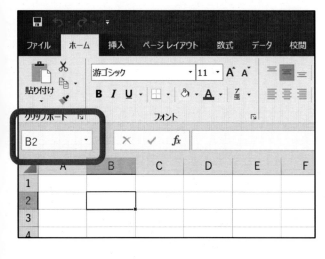

Excel では選択されているセルを「アクティブセル」といいます。

「名前ボックス」は、そのアクティブセルの位置（セル番地）を表示します。

02 バックステージビュー

「バックステージビュー（Backstage View）」とは、ファイルやファイルに関するデータ（非表示のメタデータ情報、個人情報、設定オプションの作成、保存、印刷、検査）を管理します。

また、ファイルを開く、保存する、印刷する、保存と送信などのファイル操作とオプションの設定ができます。

Excel シートのリボンの左上にある「ファイル」タブをクリックすると「バックステージビュー」に切り替わります。

◆ バックステージビュー

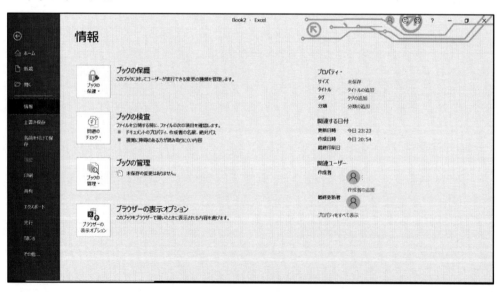

左側にコマンドが表示され、右側にコマンドに応じた操作が表示されます。

　「新規」は、「新規コマンド」のタブです。利用可能なテンプレート（ひな型）が表示されます。新規ファイルを起動するときは、「空白のブック」を選択します。

　「印刷」は、「印刷コマンド」のタブです。タブをクリックして印刷の設定と実行をします。「印刷」タブをクリックすると、画面右側に印刷プレビューが表示されます。
　印刷イメージを確認しながら、「設定」で印刷部数、プリンターの選択、印刷範囲、ページの指定、印刷の向きやサイズなどの設定ができます。1つの画面で「ページ設定」と「印刷プレビュー」と「印刷の設定」ができます。

03 アクティブセルの移動

1．カーソル、Tab キー

　Excel での作業は、「移動」「選択」「入力・実行」の大きく3つに分けられます。カーソルを目標のセルへスムーズに移動させることができれば、作業時間の短縮につながります。

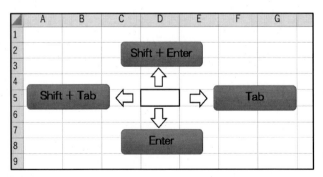

カーソルは、キーボードの「→」、「←」、「↑」、「↓」（矢印キー)」を押すことでセルを1つずつ移動させることができます。

　[Tab]、[Shift]、[Enter] を組み合わせても上下左右にカーソルを移すことができます。

［Ctrl ＋ 矢印］キーで端まで移動する方法

	A	B	C	D
1	顧客ID	お客様名	お客様住所	お客様電話番号
2	1001	株式会社●○企画	愛知県名古屋市中区大須1-2-3	052-123-4567
3	1002	××××××電器株式会社	愛知県名古屋市中区三の丸100	052-777-7777
4	1003	伏見●●株式会社	愛知県名古屋市昭和区車田町1	052-444-7896
5	1004	サカエ電器株式会社	愛知県名古屋市中区千代田2丁目3	052-999-7412
6	1005	株式会社○△システム	愛知県名古屋市中区錦1-1-10	052-789-5432
7	1006	株式会社凸凹研究所	愛知県名古屋市中区東桜4丁目9-3	052-321-9876
8				

　入力されているデータの一番端に飛びたいときは［Ctrl ＋ 矢印］キーを使います。
　矢印の方向に一足飛びにカーソルを移動させることができます。
　［Shift ＋ Space］でカーソルのある行（※）を、Ctrl＋Space」でカーソルのある列を選択できます。※半角英数入力時のみ

Shift ＋ Space

	A	B	C	D	E
1					
2					
3					
4					
5					

Ctrl ＋ Space

	A	B	C	D
1				
2				
3				
4				

2．マウス

マウスポインタは、できる操作によって形を変えます。
下記の表でマウスポインタの形と操作について解説しています。Excel シートで形状と動作を確認してみましょう。

ポインタ	操　作	ポインタ	操　作
I	ワード 文字の選択時・カーソル表示	↓	ワード・エクセル 列の選択時
↖	メニューバーやツールバーの移動・行の選択。図形の選択やセルの行・列・セルの移動	→	エクセル 行の選択時
↖+	行・列・セル・図形・テキストボックス・ワードアートなどのマウスによるコピー時	+	オートフィル使用時 選択したセルの右下■にポインタを合わせると出てくる
↕	ウィンドウ・形・テキストボックス・ワードアートなどの上下方向へのサイズ変更時	↻	図形の回転選択時 図形の◉にポインタをあわせると出てくる
↔	ウィンドウ・図形・テキストボックス・ワードアートなどの左右方向へのサイズ変更時	⟳	図形の回転操作時 図形の回転選択後、ドラッグすると出てくる
↘	ウィンドウ・図形・テキストボックス・ワードアートなどの4方向へのサイズ変更時	✛	図形・テキストボックス・ワードアートなどの選択、移動時
〒	ワード 表の行幅を変更時	✚	エクセル セル・行・列の選択時
⊢⊣	ワード 表の列幅を変更時	〒	エクセル 行の幅の調整時 行番号と行番号の間に合わせる
+	図形・テキストボックス・グラフなどの作成開始時	⊢⊣	エクセル 列の幅の調整時 列番号と列番号の間に合わせる
↗	ワード セルの選択時	+⁺	エクセル オートフィル＋Ctrl キー操作時

04 文字・数値の入力・削除

1．手入力

Excel では、直接セルに数字と文字の入力をすることができます。数字、数式や文字、いずれの入力をする場合でも、大切なポイントが 2 つあります。それぞれのポイントについて下記の

通りになります。

　①文字や数値の入力後に押す［Enter］キーは、日本語入力が OFF のとき 1 回、ON のとき
　2 回押す必要がある。

　この操作に関しては、それぞれの［Enter］キーには実行や文字変換などの意味があります。

　②数式バーで入力した数字や文字の正誤など状況確認をするクセをつける。

　数字入力と文字入力の基本操作とポイントを順番に説明していきますが、ここでは、日本語
入力 ON ／ OFF の切り替えができることが前提になっています。

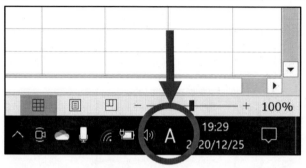

　Excel を起動すると下図のように既定
値として日本語入力が OFF の状態になっ
ています。

　入力したいセルの真ん中にマウスポイ
ンタを持っていくと、マウスポインタが
白い十字の形になります。

　これをクリックすると、セルが太枠で
囲まれます。この太枠で囲まれた状態が、
セルを選択（アクティブに）した状態です。

　セルが太枠で囲まれている状態であれ
ば、正しく選択されているので、マウスポ
インタを別の箇所に動かして大丈夫です。

ただし、動かした先のセルでクリックをしてしまうと、動かした先のセルを選択し直したこと
になるので注意が必要です。

　この図では、セル B3 が太枠で囲まれて選択されているので、これから文字や数式の入力を
行うとセル B3 に入力、表示されます。

　では、アクティブセルに数字の入力をしていきます。

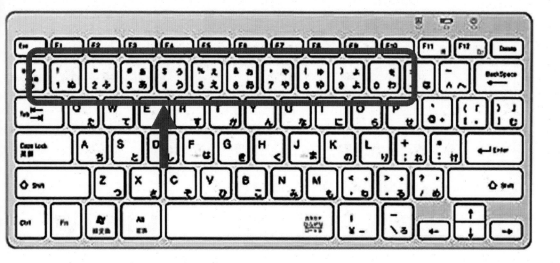

　数字の入力は、キーボードで入力する方法とテンキーを使用して入力する方法があります。どちらの方法を使用しても問題ありませんが、本書ではキーボードを使って入力を行います。

　入力作業をするセル B3 を選択して、数字「39」と入力してみます。

　セル B3 にこれ以上の入力はしないので、キーボードの［Enter］キーを押します。

	A	B	C	D	E
1					
2					
3		39 ←			
4		←			
5					
6					
7					
8					

　［Enter］キーを押すとセル B3 の入力が確定され、自動的にその下のセルが選択されます。

　次に、セル B4 がアクティブセルとなっているので、このセルに「255」と入力します。

	A	B	C	D	E
1					
2					
3			39		
4		255			
5					
6					
7					
8					

　「255」と入力後は、文字カーソルが点滅した状態になっています。
入力後は、[Enter] キーを押して確定を忘れず行います。

	A	B	C	D	E
1					
2					
3			39		
4			255		
5					
6					
7					
8					

　入力をしたセル B4 のデータが確定され、自動的にその下のセルが選択されました。

	A	B	C	D	E
1					
2					
3			39		
4			255		
5		1000			
6					
7					
8					

　次に、セル B5 に「1000」と入力してみましょう。

	A	B	C	D	E
1					
2					
3			39		
4			255		
5			1000		
6					
7					
8					

　入力後、[Enter] キーで確定を行うと入力していたセル B5 が確定され、自動的にその下のセルが選択されます。

それぞれのセルに文字や数字を入力した後、必ず［Enter］キーを押して入力を確定するようにします。

　入力確定をしないままにすると、「まだこのセルに入力を続けます」と、Excel に伝えているのと同じ状態ですので、入力を確定するクセをつけましょう。

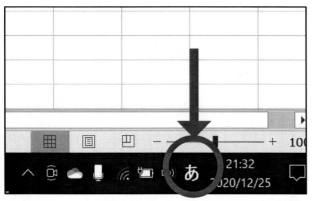

　日本語の文字入力を行うので、Excel の日本語入力を ON にします。

　日本語テキストをセル D3 に入力します。

	A	B	C	D	E
1					
2					
3		39			
4		255			
5		1000			
6					
7					
8					

　セル D3 の真ん中にマウスポインタを移動させ、マウスポインタが白い十字の形になれば、クリックしてセル D3 を選択します。

この図では、セル D3 が太枠で囲まれて選択されているので、文字入力を行うとセル D3 に入力、表記されます。

　選択したセル D3 に、「北海道」と入力します。

	A	B	C	D	E
1					
2					
3		39		ほっかいどう	
4		255			
5		1000			
6					
7					
8					

　まず「ほっかいどう」と、ひらがなで入力します。

　入力したあと、波線がある状態のときは、文字変換ができることを示しています。この状態で［Enter］キーを押すと漢字に変換することができます。

	A	B	C	D	E
1					
2					
3		39		北海道	
4		255			
5		1000			
6					
7					
8					

漢字変換後、文字の下に実線が表示されます。この実線は「他の文字にも変換が可能です」というしるしになります。

今回は他の文字候補がないので、「もう変換しません」という合図で、[Enter]キーを押します。

	A	B	C	D	E
1					
2					
3		39		北海道	
4		255			
5		1000			
6					
7					
8					

セル D3 が確定され、自動的にその下のセルが選択されました。

TRY!

Excel に以下の文字を入力しましょう。
セル D4 に「鹿児島県」
セル D5 に「みかん」
セル D6 に「すりおろしりんご」
セル E6 に「美味しい」

	A	B	C	D	E	F
1						
2						
3		39		北海道		
4		255				
5		1000				
6						
7						
8						
9						
10						

OnePoint

入力したデータをよーく見てみましょう。

　データを見やすくするために、数字は自動的にセルの右端に揃い、文字は先頭を揃えるように、セルの左端に揃います。

これは、Excel が自動的に行う処理です。

　Excel は、セルに入力されたデータが、数字なのか文字なのかを、自動的に認識しているということになります。

２．データの修正

　前項では、セルへのデータ入力を説明しました。ここでは、セルに入力した文字や数字のデータを修正したい時の Excel 操作について説明します。

（１）データの上書き

　現在、セル B4 には「255」と入力されていますが、「508」に修正をします。

　修正したいセル B4 を選択し（アクティブにして）、そのまま「508」と入力します。

　全く別のデータに修正したいときは、既に入力されているデータを消す必要は無く、直接セルに上書き入力をするとデータは修正できます。

TRY!

Excelのデータを上書き修正してみましょう。

セルD3の「北海道」を「山形県」に上書き修正します。

	A	B	C	D	E	F
1						
2						
3		39		北海道		
4		508		鹿児島		
5		1000		みかん		
6				すりおろし美味しい		
7						
8						
9						
10						

（2）データの一部修正

セルD5に「みかん」と入力されています。これを「冷凍みかん」に修正します。

前述（1）で、既に入力されているデータを、全く別のデータに変更する方法を説明しました。今回は、既に「みかん」と入力されているので、それに「冷凍」という文字を付け加えます。

セル内の入力データを一部修正する場合は、次の方法で行います。

	A	B	C	D	E	F
1						
2						
3		39		山形県		
4		508		鹿児島		
5		1000		みかん		
6				すりおろし美味しい		
7						
8						
9						

データ修正をしたいセルD5をアクティブにします。

アクティブにしたセルD5のところでダブルクリックします。

	A	B	C	D	E
1					
2					
3		39		山形県	
4		508		鹿児島県	
5		1000		みかん	
6				すりおろし美味しい	
7					
8					
9					

セルの中に文字カーソルが表示されます。

キーボードの［←］キーや［→］キー、またはマウスを使って、文字修正したいところまでカーソルを動かします。

今回は「みかん」の「み」の前に文字カーソルを持っていき、「冷凍」を入力して付け加えます。

修正入力作業をしていたセルD5が確定され、自動的に下のセルがアクティブになりました。

セルD5のデータが修正できたことがわかります。

TRY!

Excelの文字データを一部修正してみましょう。

セルD6に入力されている「すりおろしりんご」を「すりおろし大根」に修正しましょう。

文字データを修正する前に、セルD6を幅調整して文字が全て見えるようにしてください。

2

Excelの基本操作

37

OnePoint

データの一部修正の方法をまとめましょう。今回、下記の 2 つの方法を説明してきましたが、どちらも使用頻度が高いので覚えておくと良いでしょう。

① 修正したいセルをアクティブにした後、ダブルクリックをするとセル内に文字カーソルを入れられる。

② アクティブにしたセルの中身は数式バーに映し出されるので、映し出された数式バーの文字のところでクリックすると文字カーソルを入れられる。

3．コピーと貼り付け

　Excel では、移動やコピーの操作に、何通りかの方法があります。Excel の基礎を習得するために覚えるべきことの 1 つにドラッグという方法があります。

（1）セルのドラッグ移動
　最初に移動の操作から説明していきます。

セル A3 の文字データをセル C1 に移動します。

　移動したいセル A3 を選択すると、セルは太枠で囲まれます。

	A	B	C	D	E
1					
2					
3	回答数				
4					
5		回答数	無回答	調査総数	
6	中央区	62	36	98	
7	港区	99	9	108	
8	世田谷区	83	21	104	
9	墨田区	55	15	70	
10					

　この太枠のいずれかにマウスポインタを合わせると、マウスポインタが図の手裏剣のような十字型に変わります。

	A	B	C	D	E
1					
2			C1		
3	回答数				
4					
5		回答数	無回答	調査総数	
6	中央区	62	36	98	
7	港区	99	9	108	
8	世田谷区	83	21	104	
9	墨田区	55	15	70	
10					

　そのまま移動したいセルに向かってドラッグしていきます。

	A	B	C	D	E
1			回答数		
2					
3					
4					
5		回答数	無回答	調査総数	
6	中央区	62	36	98	
7	港区	99	9	108	
8	世田谷区	83	21	104	
9	墨田区	55	15	70	
10					

　ドラッグ中に表示される太枠が移動したい先のセルの場所に来たら、ドラッグをやめるとセルの文字データを移動することができます。

TRY!

Excel のドラッグ方法を使って複数セルの移動をしてみましょう。

複数セルを移動するために、セル A5 からセル D9 までを範囲指定します。

ドラッグ移動の方法を使ってセル C3 からセル F7 へ移動させましょう。

	A	B	C	D	E	F	G	H
1			回答数					
2								
3								
4								
5		回答数	無回答	調査総数				
6	中央区	62	36	98				
7	港区	99	9	108				
8	世田谷区	83	21	104				
9	墨田区	55	15	70				
10								
11								

（2）セルのコピー方法

Excel のコピー機能を使い、セルに入力されたデータのコピー操作をしてみます。

今回はセル C1 に入力されたデータを、セル B10 にコピーして貼り付けます。

	A	B	C	D	E	F	G
1			回答数				
2							
3				回答数	無回答	調査総数	
4			中央区	62	36	98	
5			港区	99	9	108	
6			世田谷区	83	21	104	
7			墨田区	55	15	70	
8							
9							
10							
11							
12							

コピーをするセル C1 を選択しセルの太枠にマウスポインタを合わせます。マウスポインタが手裏剣のような十字型になったら、[Ctrl] キーを押したままドラッグをします。

ドラッグ中に表示される太枠がセル B10 に来たら、ドラッグをやめるとコピー完了です。

セル C1 のデータを B10 へコピーすることができました。

（3）セル移動やコピーで数式移動

セル F4 に「中央区」の回答数と無回答数を足した「=D4＋E4」という数式が入力されています。

この表全部を、セル A4 を先頭とする範囲に移動してみます。

「=D4＋E4」という数式が入力されていた中央区の調査総数のセル D5 に入力されていた数式データは、自動的に「=B5＋C5」に変わっています
。

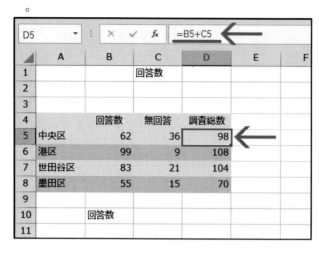

Excel では、「=D4＋E4」という数式に「総数欄の 2 つ左のセルと、1 つ左のセルを足す」というように考えているので、表の移動をしても「総数欄の 2 つ左のセルと、1 つ左のセルを足す」という考えが働き、自動的に「=B5＋C5」に数式が変わります。

入力された数式に関しては、修正しなくても表が機能してくれていることになります。これは、Excel の相対参照という仕組みによるものです。

（4）コピーと貼り付け

セル A4 からセル D8 と同じ表の体裁がいくつか欲しいとき、何度も同じ表形式を作成していては手間がかかり、作業効率が悪くなります。

そのような場合、セル A4 からセル D8 までの表をコピーして、指定の場所に貼り付けていけば効率よく作業を行うことができます。

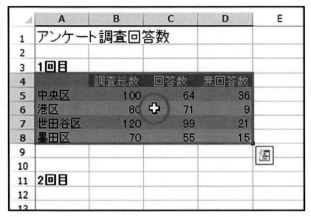

まず、コピーしたい表の部分を範囲選択します。

ここでは、セル A4 からセル D8 までの表をコピーしたいので、セル A4 からセル D8 までを範囲選択します。

範囲選択しているセルにマウスポインタを合わせ、マウスの右クリックから一覧を表示し「コピー」を選択してクリックします。

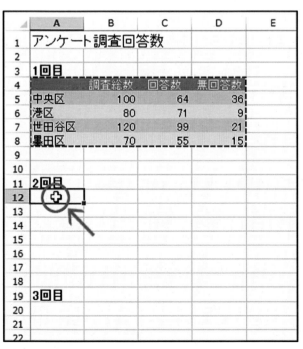

次に、コピーした表を、どこの位置に持っていきたいかを指定します。

今回は、セル A12 を先頭とする箇所に表を貼り付けたいのでセル A12 を選択します。

貼り付ける先を指定するときには、表の大きさのセルの分だけ範囲選択するような面倒なことをしなくても、先頭のセルだけ指定すれば大丈夫です。

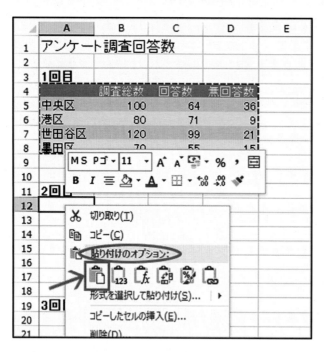

マウスの右クリックまたは、リボンの
クリップボードから「貼り付け」を選択
し実行します。

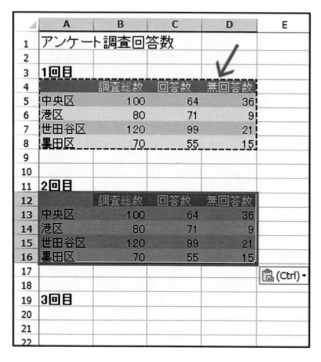

コピーした表をセルA12からセルD16
の範囲へ貼り付けることができました。

TRY!

Excelのコピー／貼り付け機能を使ってみましょう。
セルA4からセルD8までのデータをセルA20に貼り付けてみましょう。

	A	B	C	D	E	F
1	アンケート調査回答数					
2						
3	1回目					
4		総調査数	回答数	無回答数		
5	中央区	100	64	36		
6	港区	80	71	9		
7	世田谷区	120	99	21		
8	墨田区	70	55	15		
9						
10						
11	2回目					
12		総調査数	回答数	無回答数		
13	中央区	100	64	36		
14	港区	80	71	9		
15	世田谷区	120	99	21		
16	墨田区	70	55	15		
17						
18						
19	3回目					
20						
21						
22						
23						
24						
25						

OnePoint

　コピー／貼り付けの操作を簡単に覚えるには、下図のように作業の手順を言葉にして覚えておくとスムーズに行えます。

「これをコピって、ここに貼る」。

これを	コピーしたい表を範囲指定
コピって	右クリック　[コピー]
ここに	貼付先に持っていき先の先頭のセルを選択
貼る	右クリック　[貼り付け]

４．オートフィル

Excel では、日付や曜日などの様々な連続データを簡単に入力することができます。連続するデータを簡単に入力する機能が「オートフィル」です。

	A	B	C	D	E	F	G
1							
2		4月		日		6月23日	
3		5月		月		6月24日	
4		6月		火		6月25日	
5		7月		水		6月26日	
6		8月		木		6月27日	
7		9月		金		6月28日	
8				土		6月29日	
9				日		6月30日	
10				月		7月1日	
11				火		7月2日	
12				水		7月3日	
13				木			

（１）オートフィルの３つのポイント

連続データを簡単に入力できる「オートフィル」機能を使うときのポイントは３つあります。

１つ目のポイントは、連続データの先頭となるセルにデータを入力します。（セル **B2** に「４月」と入力しましょう。）

２つ目のポイントは、連続データの先頭となるセルを選択することです。マウスポインタが白い十字の形の状態でクリックすると、セルを選択できます。

　連続データの先頭となるセル B2 を選択すると、そのセルの右下に「ポッチ」が表示されます。このポッチにマウスポインを合わせると黒い十字の形となります。
　これが 3 つ目のポイントとなります。

　マウスポインタが黒い十字の形になったことを確認したら、下に向かってドラッグします。

　ドラッグしたセル B7 まで、連続したデータを入力することができます。

　オートフィル機能を使って連続したデータを入力した直後は、オートフィルしたセル範囲が選択されていますが、他のセルのところでクリックすれば、範囲選択を解除できます。

TRY!

Excel のオートフィル機能は、日付、曜日など「世の中で当然」の規則的な順番があるデータを入力できる機能です。日付や曜日の連続データもオートフィルで入力できます。
日付と曜日の連続データを入力してみましょう。

	A	B	C	D	E	F	G
1							
2		4月		日曜日		4月10日	
3		5月					
4		6月					
5		7月					
6		8月					
7		9月					
8							
9							
10							
11							
12							
13							

OnePoint

　オートフィルできる方向は、上下左右いずれも OK です。右に向かってドラッグすれば右方向に連続データを入力できます。

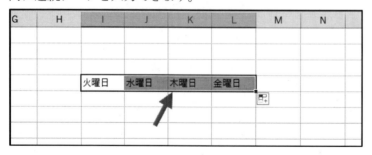

　オートフィルは、「世の中で当然」の順番があるデータを入力できる機能なので、日付や曜日の他に、干支や、年も入力できます。

48

05 数式の入力・再計算

Excel では高度な計算式や関数を使ってデータを取りまとめることでできます。そのような機能を使いこなすために基本的な計算式の入力について学んでいきます。

Excel の表計算における基本となる、足し算、引き算、掛け算、割り算の操作方法はどれも同じです。ここでは、掛け算をベースに説明をしてきます。

（1）数式の入力と計算方法

掛け算・割り算・引き算・足し算の操作における数式の入力方法はどれも同じです。

	A	B	C	D
1	商品名	単価	数量	金額
2	りんご	100	4	
3	桃	250	3	
4	オレンジ	90	1	
5	ぶどう	380	2	
6	みかん	50	6	
7				

図の表で、りんごの「金額」を知りたい場合、りんごの「単価」×りんごの「数量」という掛け算をすれば良いことになります。

それでは、りんごの「金額」のセル D 列に、りんごの「単価」×りんごの「数量」の計算結果を表示させます。

	A	B	C	D
1	商品名	単価	数量	金額
2	りんご	100	4	
3	桃	250	3	
4	オレンジ	90	1	
5	ぶどう	380	2	
6	みかん	50	6	
7				

まずは計算結果を表示させたいセルを選択します。
ここでは掛け算の結果を、りんごの「金額」のセル D2 に表示させたいので、セル D2 を選択します。

	A	B	C	D
1	商品名	単価	数量	金額
2	りんご	100	4	=
3	桃	250	3	
4	オレンジ	90		
5	ぶどう	380	2	
6	みかん	50	6	
7				

キーボードで「=」を入力します。

	A	B	C	D	E
1	商品名	単価	数量	金額	
2	りんご	100	4	=B2	
3	桃	250	3		
4	オレンジ	90	1		
5	ぶどう	380	2		
6	みかん	50	6		
7					
8					
9					

次に、実際の計算内容を入力していきます。

	A	B	C	D	E
1	商品名	単価	数量	金額	
2	りんご	100	4	=B2*	
3	桃	250	3		
4	オレンジ	90	1		
5	ぶどう	380	2		
6	みかん	50	6		
7					
8					
9					

計算内容は、りんごの「単価」×りんごの「数量」なので、りんごの「単価」のセル B2 をクリックで指定し、「掛ける」を意味する「＊」をキーボードで入力します。

	A	B	C	D	E
1	商品名	単価	数量	金額	
2	りんご	100	4	=B2*C2	
3	桃	250	3		
4	オレンジ	90	1		
5	ぶどう	380	2		
6	みかん	50	6		
7					
8					
9					

続いて、りんごの「数量」のセル C2 をクリックで指定します。

最後に計算内容の確定として、キーボードの［Enter］キーを押します。

	A	B	C	D	E
1	商品名	単価	数量	金額	
2	りんご	100	4	400	
3	桃	250	3		
4	オレンジ	90	1		
5	ぶどう	380	2		
6	みかん	50	6		
7					
8					
9					

りんごの「金額」のセル D2 に、掛け算の結果を表示させることができました。

OnePoint

数式入力の操作は、下の表のように１つ１つの操作を覚えると簡単に行うことができます

ココ	計算結果を表示させたいセルを選択
は	「＝」を入力
コレ	掛け算したいデータが入っているセルを選択
かける	「＊」を入力
コレ	もう一方の、掛け算したいデータが入っているセルを選択
です	［入力］ボタン、または［Enter］キーで確定

　掛け算ではなく、足し算や引き算、割り算をしたい場合は、「＊」を入力する部分を、それぞれの計算記号に置き換えて入力すればその計算ができます。

足し算	＋
引き算	－
掛け算	＊
割り算	／

（2）数式における再計算の入力方法

　掛け算を設定した、りんごの「金額」のセル D2 を選択し数式バーを見てみましょう。Excel では、選択したセルに入力されている値が、数式バーに表示されます。セル D2 には、計算結果として「400」と表示されていますが、実際このセルに入力されているのは数式バーに表示されている

「＝B2＊C2」

という数式であることが分かります。

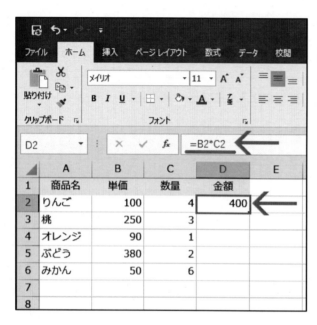

　りんごの「単価」×りんごの「数量」を計算する際、単価が 100 円、数量が 4 個の

「＝100＊4」

と入力したわけではなく

「＝B2＊C2」

と設定しています。

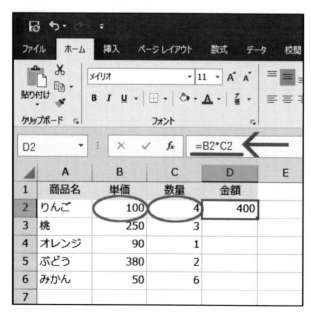

「＝B2＊C2」とすることで、「セル B2 に入力されている数値と、セル C2 番地に入力されている数値の掛け算」という意味になります。「100」と「4」を掛けるという具体的な数字の指定ではなく、そこに入力されている数値の掛け算と指定しているので、たとえセル B2 の単価や、セル C2 の数量を変更したとしても入力する数値を掛け合わせられるため、自動的に計算結果が変わってくれます。

試しに、セル C2 の数量を「2」に変更してみます。

	A	B	C	D	E
1	商品名	単価	数量	金額	
2	りんご	100	2	400	
3	桃	250	3		
4	オレンジ	90	1		
5	ぶどう	380	2		
6	みかん	50	6		
7					
8					
9					

変更したいセル C2 を選択し、「2」と入力。（セルを選択して入力すれば上書きされるので、もともとの「4」は消す必要はありません）

	A	B	C	D	E
1	商品名	単価	数量	金額	
2	りんご	100	2	200	
3	桃	250	3		
4	オレンジ	90	1		
5	ぶどう	380	2		
6	みかん	50	6		
7					
8					
9					

キーボードの［Enter］キーで入力を確定すると、りんごの数量変更に伴って、りんごの金額の計算結果も自動的に変わりました。

TRY!

Excel の数式入力をしてみましょう。
①桃、オレンジ、ぶどう、みかんの「金額」のセルにも、同様に掛け算を設定してみましょう。
コピー／貼り付けを応用して数式をコピーしてみましょう。

	A	B	C	D	E
1	商品名	単価	数量	金額	
2	りんご	100	4	400	
3	桃	250	3		
4	オレンジ	90	1		
5	ぶどう	380	2		
6	みかん	50	6		

06 範囲指定

1．ドラッグを使う連続した複数セルの範囲選択

　Excel で連続した複数のセルを範囲指定する場合、選択したセルから範囲を指定する最後のセルまでマウスポインタをドラッグしながら指定する方法があります。

　図のような、セル A3 から E10 までの連続した複数セルに範囲指定の操作を行いたいのであれば「セル A3 から E10」と、操作する箇所を指定しなければなりません。

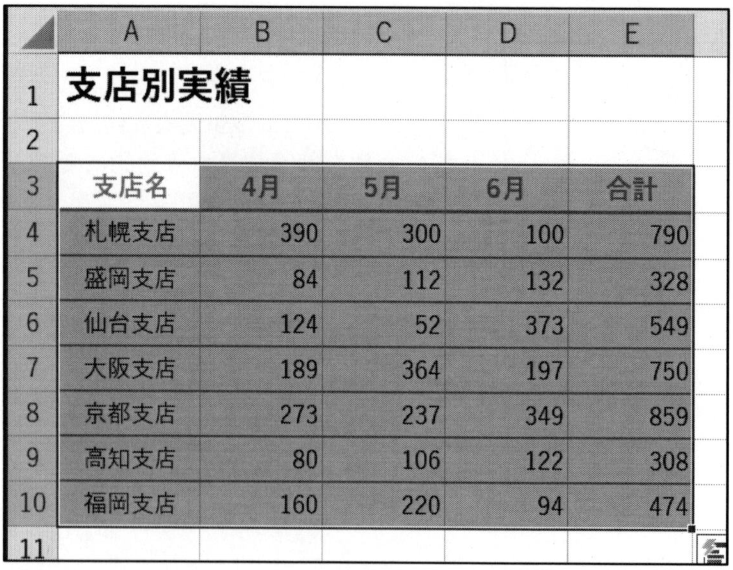

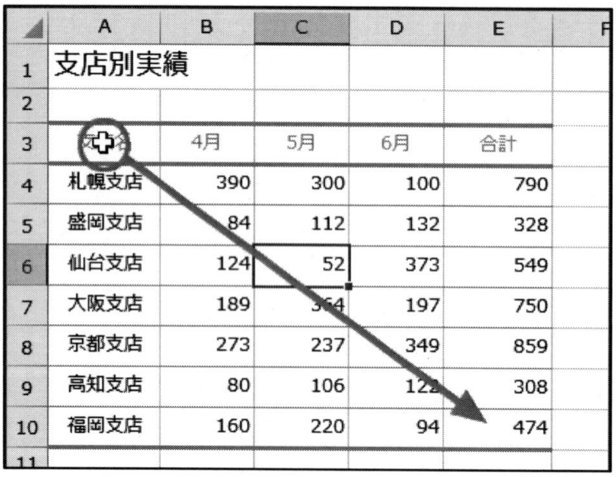

	A	B	C	D	E
1	支店別実績				
2					
3	支店名	4月	5月	6月	合計
4	札幌支店	390	300	100	790
5	盛岡支店	84	112	132	328
6	仙台支店	124	52	373	549
7	大阪支店	189	364	197	750
8	京都支店	273	237	349	859
9	高知支店	80	106	122	308
10	福岡支店	160	220	94	474
11					

セル A3 から E10 までの範囲を指定する範囲選択をしてみましょう。

	A	B	C	D	E	F
1	支店別実績					
2						
3	支店名	4月	5月	6月	合計	
4	札幌支店	390	300	100	790	
5	盛岡支店	84	112	132	328	
6	仙台支店	124	52	373	549	
7	大阪支店	189	364	197	750	
8	京都支店	273	237	349	859	
9	高知支店	80	106	122	308	
10	福岡支店	160	220	94	474	
11						

　選択したい範囲の、先頭のセル A3 にマウスポインタを合わせ、マウスポインタが図のような白い十字の形になったら、選択したい範囲の最後のセル E10 に向かってドラッグします。

選択したい範囲の最後のセルA10でドラッグを止めると、連続した複数のセルを範囲選択することができます。

選択したセルは太枠で囲まれ、さらに、複数セルを選択している場合には、その範囲のセルの色がうっすら変わります。

複数セルを範囲選択している状態です。

2．行・列単位の範囲選択

Excel で大量にデータを入力すると、表のサイズが大きくなります。多くのデータが入力され表が大きくなった後で一部のみを範囲選択したいことがあります。

この項では、横列である行と縦列である列ごとに範囲指定する方法を解説します。

列の範囲指定の例として、下記の表なら、「3 月の数字が入っているセルすべてを選択したい」などです。

3 月のデータが入っているのは E 列ですが、そのうちセル E1 は項目名にあたるため、それ以外の数字が入っているセルだけを範囲選択したいという場合に使います。

	ココ	始点のセルを選択
	から	［Shift］キーを押したまま
	ココまで	終点のセルを選択

広い範囲を選択する場合、ドラッグではなく、［Shift］キーを使い、「始点セル（ココ）から終点セル（ココ）まで」という手順の方法を使います。

　　まず、「始点セルから終点セルまで」の手順のうち、始点のセルを選択します。
　　3 月のデータがある E 列のうち、数字が入力されているセルだけを範囲選択したいので、数字が入力されている先頭のセル E2 をクリックで選択します。

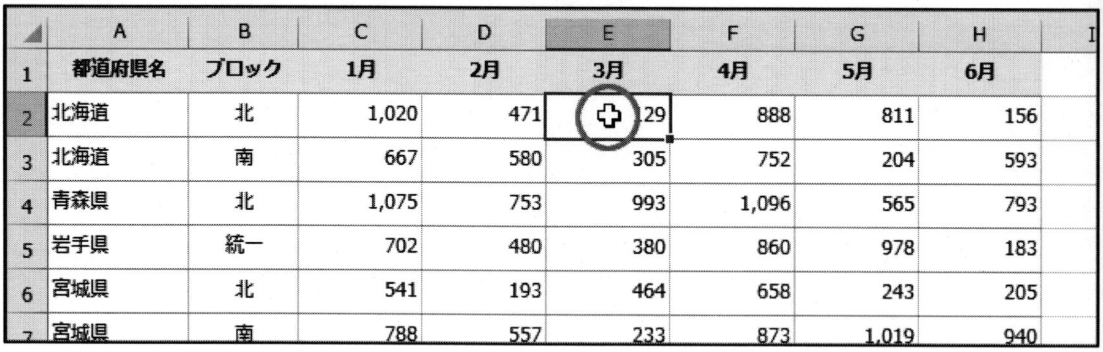

◢	A	B	C	D	E	F	G	H	I
1	都道府県名	ブロック	1月	2月	3月	4月	5月	6月	
2	北海道	北	1,020	471	⊕29	888	811	156	
3	北海道	南	667	580	305	752	204	593	
4	青森県	北	1,075	753	993	1,096	565	793	
5	岩手県	統一	702	480	380	860	978	183	
6	宮城県	北	541	193	464	658	243	205	
7	宮城県	南	788	557	233	873	1,019	940	

　　そして［Shift］キーを押したままにします。さらに終点のセルを選択するために、［Shift］キーを押したままの状態で［Ctrl］キーを押し、［↓］キーを押すと、最初にクリックで選択したセル E2 から終点のセル E77 までを一瞬で範囲選択することができます。

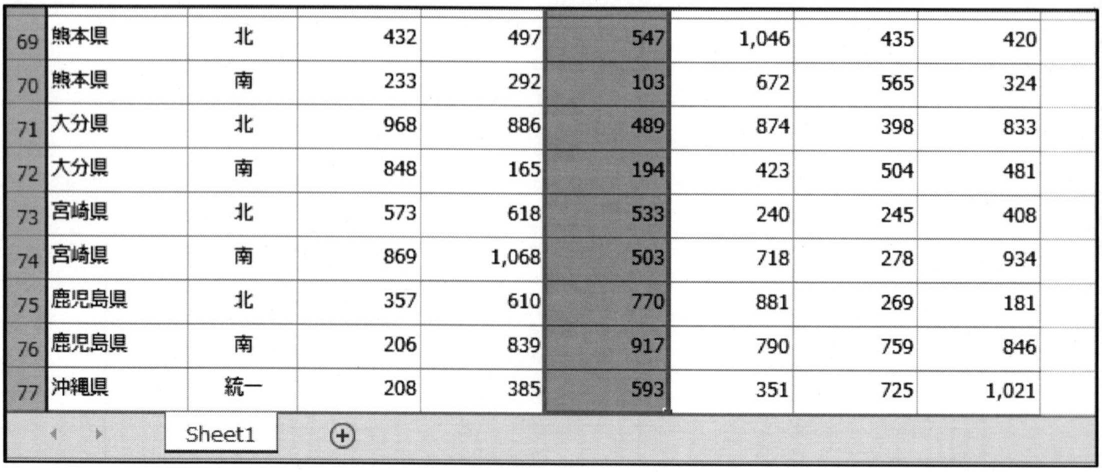

69	熊本県	北	432	497	547	1,046	435	420
70	熊本県	南	233	292	103	672	565	324
71	大分県	北	968	886	489	874	398	833
72	大分県	南	848	165	194	423	504	481
73	宮崎県	北	573	618	533	240	245	408
74	宮崎県	南	869	1,068	503	718	278	934
75	鹿児島県	北	357	610	770	881	269	181
76	鹿児島県	南	206	839	917	790	759	846
77	沖縄県	統一	208	385	593	351	725	1,021

◀　▶　　Sheet1　　⊕

ココ	始点のセルを選択
から	［Shift］キーを押したまま
ココまで	終点のセルを選択 （［Ctrl］キーを押したまま［↓］キー）

　　クリックで操作していた終点のセルの選択を、左図のように［Ctrl］キーと「↓」キーの操作に変えたわけです。

　　ここでは、縦の列単位の範囲指定で解説しましたが、横の行単位でも同じように範囲指定することができます。また、複数列や複数行での範囲指定を行うことも可能です。
　　横列の行単位で範囲指定をするときは、［Shift］キーと［Ctrl］キーを押したまま、［→］キーを押せばデータがあるセルを範囲選択することができます。

3．離れた位置の範囲選択

　Excel で範囲選択をする基本の１つ、マウスポインタをドラッグすることによって連続した複数のセルを範囲指定する方法を理解できたでしょう。

　次に、離れた位置の複数セルの範囲選択について説明していきます。

　下記の表から支店名の列と合計の列をコピー／貼り付けで他のシートに数値を移動させたいとき、それぞれの列を範囲指定して行うこともできますが、作業を効率よく行うため「離れた位置にある複数セルの範囲選択」を使います。

	A	B	C	D	E
1	支店別実績				
2					
3	支店名	4月	5月	6月	合計
4	札幌支店	390	300	100	790
5	盛岡支店	84	112	132	328
6	仙台支店	124	52	373	549
7	大阪支店	189	364	197	750
8	京都支店	273	237	349	859
9	高知支店	80	106	122	308
10	福岡支店	160	220	94	474

　離れた位置の範囲選択を説明していきます。

	A	B	C	D	E	F
1	支店別実績					
2						
3	支店名	4月	5月	6月	合計	
4	札幌支店	390	300	100	790	
5	盛岡支店	84	112	132	328	
6	仙台支店	124	52	373	549	
7	大阪支店	189	364	197	750	
8	京都支店	273	237	349	859	
9	高知支店	80	106	122	308	
10	福岡支店	160	220	94	474	

　まず、１箇所目の範囲選択として、セルA3からセルA10を選択します。

　１箇所目の範囲選択が終わったら、続けて２箇所目の範囲選択に入ります。

Ctrl キーを押したまま、2 箇所目のセル E3 からセル E10 までドラッグしながら範囲選択すると、離れたセルを範囲選択することができます。

この範囲選択のポイントは、2 箇所目以降から［Ctrl］キーを使うことです。

07　行や列の挿入・削除

　Excel の操作の 1 つに、横の行や縦の列に新たな行や列を挿入したり、削除したりする機能があります。これらは、表を作成したとき、
「この行とこの行の間に 1 行入れたい」
「この列とこの列の間に 3 列入れたい」
「この行を 1 行削除したい」
など、表のデータ追加や削除を行うときに使う機能です。この行や列の挿入、削除を行うときにポイントとなるのが行や列の選択です。

下記の表を例に考えてみます。

表は売上集計をしたデータですが、行番号3と4の間に1行挿入して各月の最上位の数値を記入したい場合に行挿入処理をします。

	A	B	C	D	E	F
1	第1四半期売上					
2						
3	担当者	4月	5月	6月	合計	
4	大沢	285	792	205	1,282	
5	大野	593	662	322	1,577	
6	岡田	495	430	126	1,051	
7	木村	727	649	339	1,715	
8	堤	352	427	527	1,306	
9	二宮	522	170	113	805	
10	福山	153	167	223	543	
11	合計	3,127	3,297	1,855	8,279	
12						

まずは、行挿入を例に解説してます。

挿入処理のポイントは、「挿入した行や列は、選択した行や列の前」に入ることです。

	A	B	C	D	E	F
1	第1四半期売上					
2						
3	担当者	4月	5月	6月	合計	
4	大沢	285	792	205	1,282	
5	大野	593	662	322	1,577	
6	岡田	495	430	126	1,051	
7	木村	727	649	339	1,715	
8	堤	352	427	527	1,306	
9	二宮	522	170	113	805	
10	福山	153	167	223	543	
11	合計	3,127	3,297	1,855	8,279	
12						

例えば、行列の7行目と8行目の間に1行入れたい場合は、選択した行の前に入るので8行目を選択します。

	A	B	C	D	E	F
1	第1四半期売上					
2						
3	担当者	4月	5月	6月	合計	
4	大沢	285	792	205	1,282	
5	大野	593	662	322	1,577	
6	岡田	495	430	126	1,051	
7	木村	727	649	339	1,715	
8	堤	352	427	527	1,306	
9	二宮	522	170	113	805	
10	福山	153	167	223	543	
11	合計	3,127	3,297	1,855	8,279	
12						

では、3行目（担当者、4月、5月…の行）と4行目（大沢の行）の間に1行入れたい場合はどうでしょう？

この場合は、4行目を選択します。

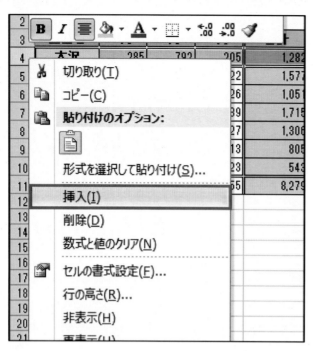

行を選択したら行番号のところでマウスの右クリックをして、一覧の中から「挿入」を選択しクリックします。

担当者、4月、5月…の行と、大沢の行の間に1行入れることができました。

新しく挿入した行は、その上の行と同じ書式 (セルの色などの飾りつけ) になっていることがわかります。

上記の図で挿入した行のところに「ハケ」のマークが表示されています。

これはスマートタグというもので、これをクリックすると選択肢が表示されます。

	A	B	C	D	E	F
1	第1四半期売上					
2						
3	担当者	4月	5月	6月	合計	
4						
5	大沢	285	792	205	1,282	
6	大野	593	662	322	1,577	
7	岡田	495	430	126	1,051	
8	木村	727	649	339	1,715	
9	堤	352	427	527	1,306	
10	二宮	522	170	113	805	
11	福山	153	167	223	543	
12	合計	3,127	3,297	1,855	8,279	
13						

「下と同じ書式を適用」をクリックすれば、挿入した行が下の行と同じ書式になります。

	A	B	C	D	E	
1	第1四半期売上					
2						
3	担当者	4月	5月	6月	合計	
4	大沢	285	792	205	1,282	
5	大野	593	662	322	1,577	
6	岡田	495	430	126	1,051	
7	木村	727	649	339	1,715	
8	堤	352	427	527	1,306	
9	二宮	522	170	113	805	
10	福山	153	167	223	543	
11	合計	3,127	3,297	1,855	8,279	
12						

次に列の挿入を解説します。

列挿入の場合も、ポイントは行の挿入と同じです。挿入した列は、選択した列の前に入ります。

A列とB列の間に1列挿入したい場合には、B列を選択します。

選択した列の、列番号のところでマウスの右クリックをして一覧から「挿入」を選択、クリックします。

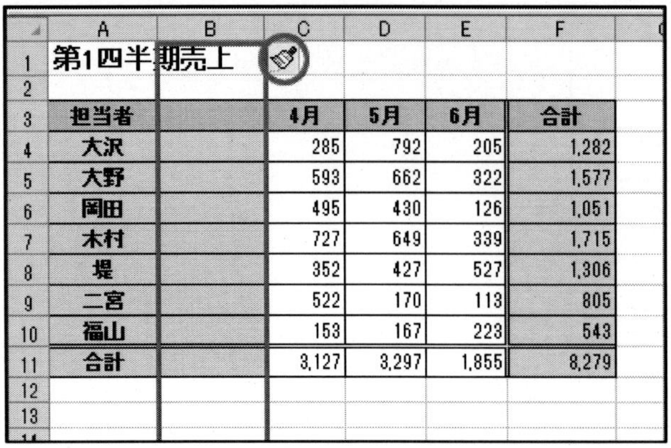

A 列と B 列の間に 1 列挿入することができました。

行の挿入のときと同様、スマートタグが表示されるので書式を左の列に合わせるのか、右の列に合わせるのか、あるいは書式をクリアするのかを必要に応じて選択します。

次に、行や列の削除について解説していきます。

挿入と同じように、行や列を削除するときにポイントとなるのが行や列の選択です。

次の表を例にして、行と列の削除を学んでいきましょう。

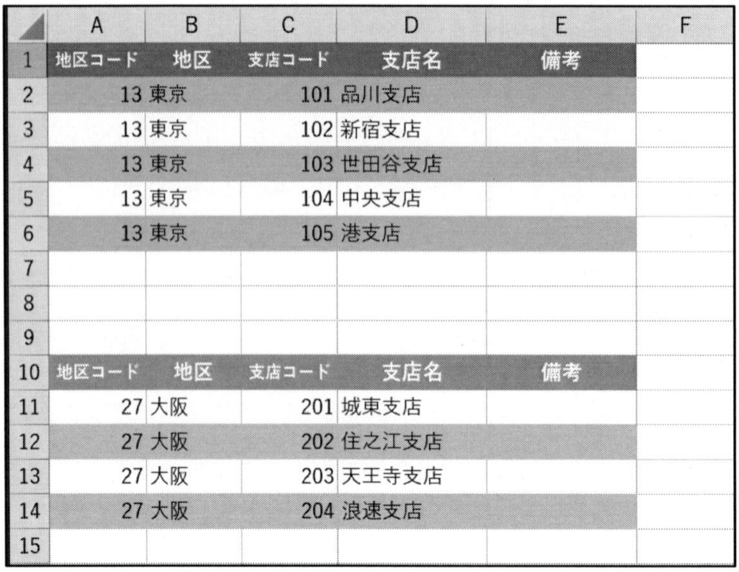

まず、列の削除を習得していきます。

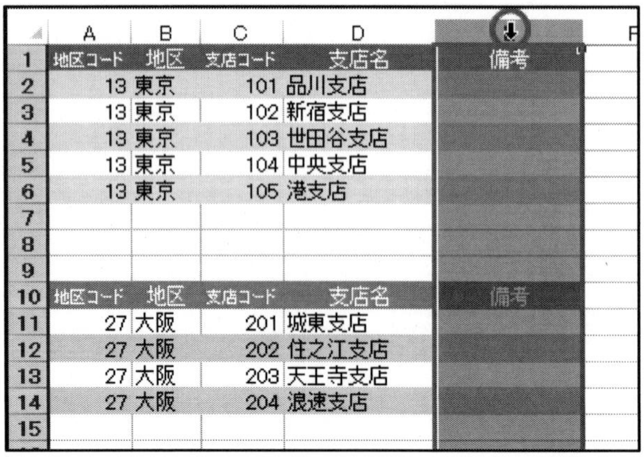

表の E 列を削除していきます。

まず、削除したい列である E 列を選択します。

選択したい列の、列番号のところにマウスポインタを持っていき、マウスポインタの形が、図のような黒い下向き矢印の状態でクリックすれば列を選択できます。

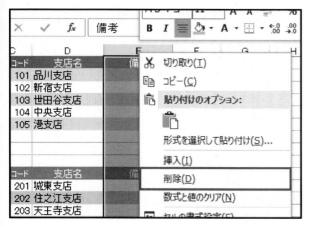

選択した列番号のところで右クリック、「削除」をクリックすると、選択した列を削除することができます。

E列が削除されました。

次に複数列の削除を行ってみましょう。

A列とB列を同時に削除していきます。これも考え方は先程と同じで、まずは削除したい列を選択します。

今回は、A列とB列を削除したいわけですからA列とB列を選択します。

選択したい列の、列番号のところにマウスポインタを持っていき、マウスポインタの形が、左の図のような黒い下向き矢印の状態で、選択したい列の列番号をドラッグすれば、複数列を選択できます。

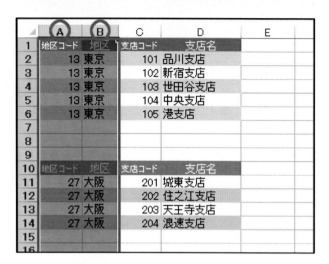

A 列と B 列を選択できました。

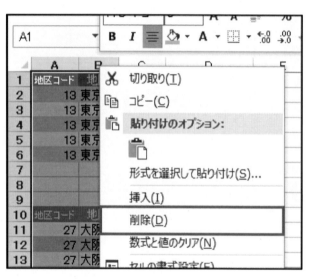

選択した列番号のところで右クリックして一覧から「削除」をクリックすれば、選択した列を削除することができます。

	A	B	C	D	E
1	支店コード	支店名			
2	101	品川支店			
3	102	新宿支店			
4	103	世田谷支店			
5	104	中央支店			
6	105	港支店			
7					
8					
9					
10	支店コード	支店名			
11	201	城東支店			
12	202	住之江支店			
13	203	天王寺支店			
14	204	浪速支店			
15					
16					

A 列「地区コード」と B 列「地区」が削除されました。

行の削除と複数行の削除も、考え方と手順は列の削除と同じです。

例えば、表の1行目を削除する場合、行番号1を選択します。

選択した行番号のところで右クリック、[削除]をクリックすると、選択した行を削除することができます。

同様に複数行を選択して削除すれば、もちろん複数の行を削除することができます。

08 保存

Excelでデータ作成、表計算の資料作成を完了、または中断する際は文書保存をします。

保存方法は、Excelシートの右上にある×印をクリックするだけです。

×印をクリックすると、下の図のようにファイル内容の変更と文書保存のダイアログボックスが現れます。

「ファイル名」に名前をつけて、「保存」をクリックします。

Excelファイルの保存はこれだけです。

非常に簡単にファイルを保存、終了することができますが、文章を保存せずに閉じてしまうことがあります。

作業完了後もしくは、作業途中に未保存のまま文書を終了してしまっても、次の手順で簡単にデータを回復させることができます。

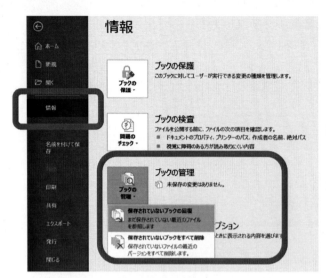

　文書を保存せずにファイルを閉じて
しまったら、改めて Excel ファイルを
開きます。

　次に、「ファイル」タブをクリックし、
左側で「情報」を選択します。
「ブックの管理」から「保存されていな
いブックの回復」をクリックします。
保存されていないファイルが一覧表示
されるので、目的のファイルを選択し、
「開く」ボタンをクリックします。

　このとき、ファイルがたくさん表示されている場合、更新日時を頼りにするといいと思いま
す。

第 3 章

請求書の作成

01　見やすい表の作成

　営業事務の業務では、仕事の受注から納品にかけて、見積書から請求書までのさまざまな書類を作成します。その中でも請求書は、納品した商品代金を受け取るための重要な書類です。
　請求書の作成には、Excel の表計算機能を効果的に活用することができます。この章では、Excel のいくつかの機能を活用し、見やすい表の作成方法を学びます。
　テキストの解説にそって、請求書を作成します。

（1）テキストデータ入力
　Excel シートのセルに直接、テキストデータを手入力します。まず、文字入力が日本語入力に設定されていることを確認します。

①Excel ブック「請求書」を開きます。
②Excel ブック内のワークシート「請求書」を選択します。

①カーソルを下方向にスクロールし、18行目に移動します。
②18行目に「注文日」、「商品ID」、「商品名」、「単価」、「数量」、「金額」を図のように入力します。

オートフィルを使って連続データを入力します。
オートフィル機能とは、マウスのドラッグ操作で日付、曜日など規則性のあるデータを自動的に入力できる機能です。
セルに入力された文字列や数値および数式のコピーも可能です。

①ワークシート「請求書」の B19 に日付を「4/9」と入力します。
②［Enter］キーで実行、確定をすると日付表示が「4月9日」に変換します。

15	御請求金額	
16	支払期限	
17		
18	注文日	商品ID	商品名
19		4月9日	
20		
21		

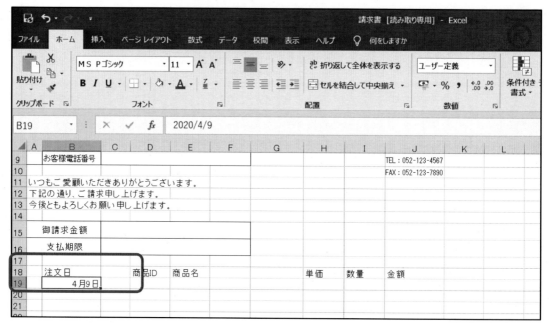

①オートフィル機能で作成する連続データの基となるセルへ、アクティブセルを移動します。

16	支払期限	
17		
18	注文日		商品ID	商品
19		4月9日	
20		
21		
22		

②オートフィルハンドルをセルの右下にポイントすると、マウスポインタの形状が「＋」に変わります。

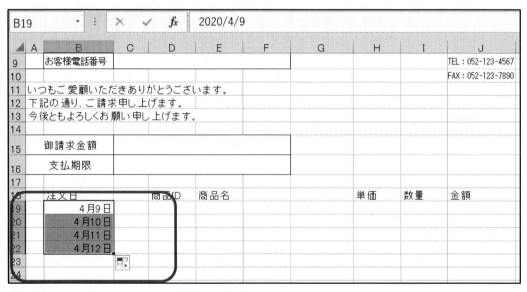

①オートフィル機能を使って連続したデータを入力したいセルまでドラッグします。

①連続した日付のデータが入力されました。

　次に、オートフィル機能を使った数値の入力をします。
数値入力でオートフィル機能を使う場合、1 つの入力されたデータだけでは次に続くデータが規則性のあるデータと判別ができません。
　数値入力でオートフィル機能を使う場合は、2 つ以上のデータを入力し規則性を明確にした上で使います。

	A	B	C	D	E	F	G	H	I	J
9		お客様電話番号								TEL：052-123-4567
10										FAX：052-123-7890
11	いつもご愛顧いただきありがとうございます。									
12	下記の通り、ご請求申し上げます。									
13	今後ともよろしくお願い申し上げます。									
14										
15		御請求金額								
16		支払期限								
17										
18		注文日		商品ID	商品名			単価	数量	金額
19	1	4月9日								
20	2	4月10日								
21		4月11日								
22		4月12日								

①シートのセル A19 に「1」、セル A20 に「2」を入力します。（1、2 と数値の連続性が明確になります）

①セル A19 と A20 を範囲指定します。

①オートフィルハンドルをセルの右下にポイントすると、マウスポインタの形状が「＋」に変わります。

②オートフィル機能を使って連続したデータを入力したいセルまでドラッグします。

連続した数値のデータが入力されました。

02 罫線

Excel で見やすい表の作成をするには、罫線を引いてセル同士の区分けを明確にする方法があります。通常、ワークシート上に記載されている枠線は、セルを識別しやすくするために画面上で表示されている線です。そのため、書類を印刷した際には表示されません。

セルを区分けする罫線を引いて、見やすい表を作成します。

（1）罫線を引いて表を見やすくする

①シート内で罫線を引く範囲のセルを指定します。

①リボンの「フォント」グループにある「罫線」のボタン  をクリックします。

②罫線のメニューリストが表示されます。

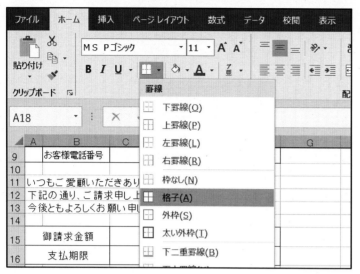

①罫線のメニューリストから「格子(A)」を選択し、クリックします。

		注文日		商品ID	商品名			単価	数量	金額	
9		お客様電話番号								TEL：052-123-4567	
10										FAX：052-123-7890	
11	いつもご愛顧いただきありがとうございます。										
12	下記の通り、ご請求申し上げます。										
13	今後ともよろしくお願い申し上げます。										
14											
15		御請求金額									
16		支払期限									
17											
18		注文日		商品ID	商品名			単価	数量	金額	
19	1	4月9日									
20	2	4月10日									
21	3	4月11日									
22	4	4月12日									
23											
24											
25											

①範囲指定をしたセルに格子の罫線が表示されます。

他の罫線を引く方法を説明します。

（2）下罫線（二重線）を引く

①下罫線を引きたいセルの範囲指定をします。（今回は、セル A18 から J18）

②リボンの「フォント」グループにある「罫線」のボタン をクリックします。

③罫線のメニューリストが表示されます。

④罫線メニューリストの「その他の罫線」 その他の罫線(M)... をクリックします。

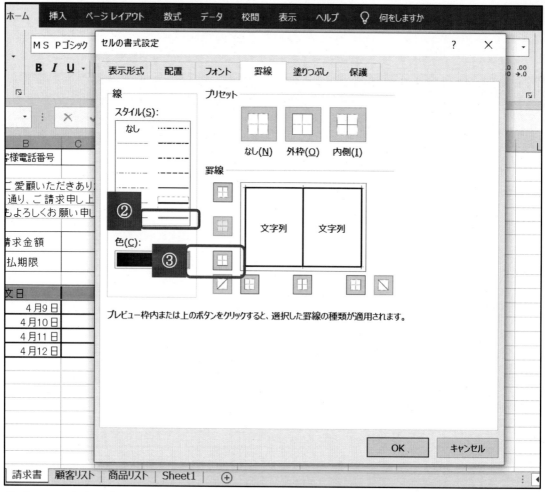

① 「セルの書式設定」のダイアログボックスが表示されます。

② 線のスタイルを選択します。（二重線を選択)

③ 罫線を引く位置を選択します。（下罫線を選択)

④ 「OK」ボタンをクリックして実行をします。

選択部分のセルの下罫線が、二重罫線で引かれました。

17									
18		注文日		商品ID	商品名			単価	数量	金額
19	1	4月9日								
20	2	4月10日								
21	3	4月11日								
22	4	4月12日								
23									

（3）一部の罫線を削除することで、表を見やすく加工する。

①罫線を削除するセルの範囲指定をします。（今回は、セルA18からA22）

②リボンの「フォント」グループにある「罫線」のボタン ⊞▾ をクリックします。

③罫線のメニューリストが表示されます。

④罫線メニューリストの「その他の罫線」 ⊞ その他の罫線(M)... をクリックします。

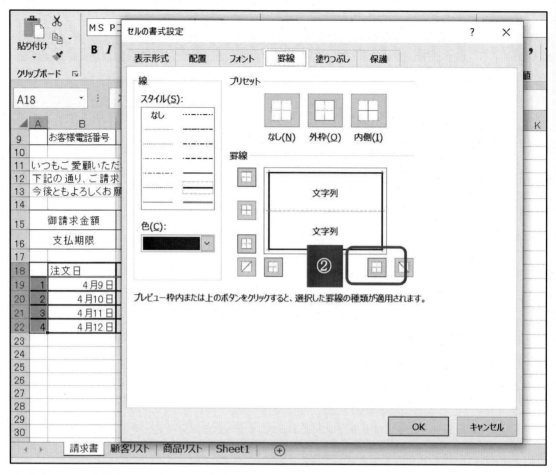

① 「セルの書式設定」のダイアログボックスが表示されます。

②削除する罫線ボタンをクリックします。（右罫線を選択）

③ 「OK」ボタンをクリックして実行をします。

選択部分のセルの右罫線が、削除されました。

17										
18		注文日	商品ID	商品名			単価	数量	金額	
19	1	4月9日								
20	2	4月10日								
21	3	4月11日								
22	4	4月12日								
23										

03 データの配置

Excelの初期設定では、セルに入力される文字列データは左詰め、数値データは右詰になるように設定されています。

表を作成する際に、印刷されたとき見やすくなるよう必要に応じてデータの配置を変更する必要があります。

データの配置変更を行い、見やすい表を作成します。

（1）セルの中央に文字列、数値を配置する

①シート内のセルに入力されたデータで、中央配置にしたいセルを範囲指定します。

②リボンの「配置」グループにある「中央揃え」アイコン をクリックします。

選択部分の文字列が、中央揃えになりました。

　データの配置変更には、文字列や数値の位置を変更するだけでなく、複数のセルを結合させて空白のセルや、文字との間隔を調整することができます。

（2）セルの結合と中央揃えに配置

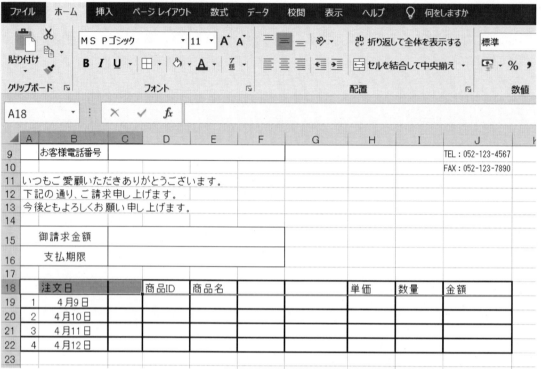

①データが入力されたセルと空白のセルを結合し、文字列や数値を中央に配置してセル表示をしたい範囲を指定します。

②リボンの「配置」グループにある「セルを結合して中央揃え」アイコン 　をクリックします。

17										
18		注文日		商品ID	商品名			単価	数量	金額
19	1	4月9日								
20	2	4月10日								
21	3	4月11日								
22	4	4月12日								
23										

選択されたセルが、1つのセルに結合されて文字列が中央揃えになります。

TRY!

振り返り課題

①横中罫線を点線に変更してください。（セル A19 から J22 の横中罫線）

②縦中罫線を点線に変更してください。（セル B19 から C22 の縦中罫線）

③セル E18 から G18 を「セルを結合して中央揃え」にします。

④同様に、19 行目から 23 行目まで「セルを結合して中央揃え」にします。

⑤セル D18、H18、I18、J18 を「中央揃え」にします。

下図のように表を追加加工します。

	注文日		商品ID	商品名			単価	数量	金額
1	4月9日								
2	4月10日								
3	4月11日								
4	4月12日								
	備考		送料は、全国一律600円です。ご注文金額が5,000円以上は送料無料となります。			小　計			
						消費税			
						送　料			
						合　計			

下図のようにデータを入力します。

	A	B	C	D	E	F	G	H	I	J
18		注文日		商品ID		商品名		単価	数量	金額
19	1	4月9日	月	1000		みかん		100	10	
20	2	4月10日	火	2000		バナナ		120	30	
21	3	4月11日	水	3000		りんご		200	15	
22	4	4月12日	木	4000		イチゴ		350	20	
23							小　計			
24		備考		送料は、全国一律600円です。ご注文金額が5,000円以上は送料無料となります。			消費税			
25							送　料			
26							合　計			
27										

04　数式と関数

　Excel を使って見やすい表を作成することは、社外に提出する書類においてとても重要です。

　特に、見積書や請求書といった直接、取引の受注にかかわる書類は、相互に見間違いや誤解を与えるような表記にならないよう、十分に配慮する必要があります。

　社外に提出する書類には、金額を明記する場合も多く、数値や金額を手入力で行うとタイプミスによるトラブルの原因ともなります。

　Excel の表計算では、数式を入力することで、数値の入力されているセル指定をする方法がとられます。これを、セル参照といい、数式でセルを指定する場合は、直接そのセルをクリックします。

　下図のみかんの売上金額について数式の入力をする場合を考えます。

　数式を入力するセルを「アクティブセル」にします。(セル J19)

	A	B	C	D	E	F	G	H	I	J
18		注文日		商品ID		商品名		単価	数量	金額
19	1	4月9日	月	1000		みかん		100	10	
20	2	4月10日	火	2000		バナナ		120	30	
21	3	4月11日	水	3000		りんご		200	15	
22	4	4月12日	木	4000		イチゴ		350	20	
23							小　計			
24		備考		送料は、全国一律600円です。ご注文金額が5,000円以上は送料無料となります。			消費税			
25							送　料			
26							合　計			

| | I19 | | ▼ | : | × | ✓ | fx | = H19*I19 | | | |

	A	B	C	D	E	F	G	H	I	J
18		注文日		商品ID		商品名		単価	数量	金額
19	1	4月9日	月	1000		みかん		100	10	= H19*I19
20	2	4月10日	火	2000		バナナ		120	30	
21	3	4月11日	水	3000		りんご		200	15	
22	4	4月12日	木	4000		イチゴ		350	20	
23							小 計			
24		備考		送料は、全国一律600円です。ご注文金額が5,000円以上は送料無料となります。			消費税			
25							送 料			
26							合 計			

①数式の結果を表示させるセル J19 に「＝」を入力します。

②単価の表示されているセル H19 をクリックします。

③「＊」を入力します。

④数量の表示されているセル I19 をクリックします。

⑤［Enter］キーを押して数式を実行させます。

| クリップボード | Ⓢ | | フォント | | | Ⓢ | | 配置 | | | Ⓢ | 数値 |

| | J20 | | ▼ | : | × | ✓ | fx | | | | |

	A	B	C	D	E	F	G	H	I	J
18		注文日		商品ID		商品名		単価	数量	金額
19	1	4月9日	月	1000		みかん		100	10	1000
20	2	4月10日	火	2000		バナナ		120	30	
21	3	4月11日	水	3000		りんご		200	15	
22	4	4月12日	木	4000		イチゴ		350	20	
23							小 計			
24		備考		送料は、全国一律600円です。ご注文金額が5,000円以上は送料無料となります。			消費税			
25							送 料			
26							合 計			

金額が自動計算されました。

同じ計算式で計算値を求める場合、セルの1つずつに計算式を入力せず、数式のコピーをすることで作業時間の効率化を図ることができます。

（2）数式のコピーをする

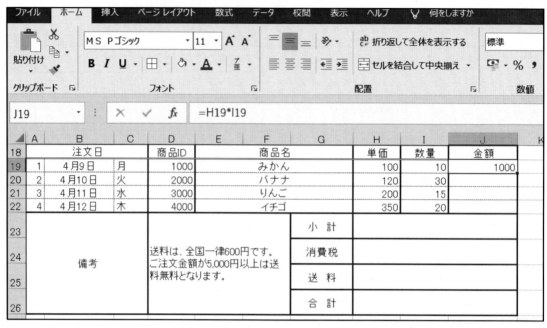

①コピーをしたい数式データの入力されたセルを選択します。（セルJ19）

②リボンのクリップボードにある「コピー」アイコン　をクリックします。

③数式データを貼り付けたいセルを指定します。（セルJ20からJ22）

④リボンのクリップボードにある「貼り付け」アイコンをクリックすると「貼り付け」メニューが表示されます。

⑤「貼り付け」メニューの中の「数式」をクリックします。

セル **J19** の数式がコピーされました。

J20		⋮	×	✓	f_x	=H20*I20					

▲	A	B	C	D	E	F	G	H	I	J	K
18		注文日		商品ID		商品名		単価	数量	金額	
19	1	4月9日	月	1000		みかん		100	10	1000	
20	2	4月10日	火	2000		バナナ		120	30	3600	
21	3	4月11日	水	3000		りんご		200	15	3000	
22	4	4月12日	木	4000		イチゴ		350	20	7000	
23							小 計				📋(Ctrl) ▾
24		備考		送料は、全国一律600円です。ご注文金額が5,000円以上は送料無料となります。			消費税				
25							送 料				
26							合 計				
27											

① ［Esc］キーを押して、J19 のセル選択を解除します。

　計算式の入力をマスターしたら、次は Excel の表計算に定義されている関数について学んでいきます。
　Excel は高度な数式を利用して、様々な数値データの処理を行うことができます。その基本となるのが関数です。関数は、決まった書式で定義されています。

関数の書式

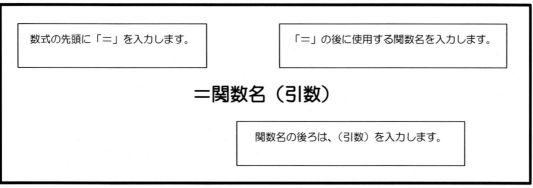

数式の先頭に「＝」を入力します。　　　「＝」の後に使用する関数名を入力します。

＝関数名（引数）

関数名の後ろは、（引数）を入力します。

※引数とは、関数を実行する上で必要な特定の値のことです。計算対象となる範囲や数値、文字列などを指定します。引数の内容は、関数ごとに異なります。

SUM 関数

　SUM 関数とは、範囲指定したセルに含まれる数値の合計値を求める関数です。セルの範囲指定については、1 つずつセルを選択指定することや、ドラッグしてまとめてセル範囲を指定することも可能です。合計する対象が文字列の場合は、計算の対象となりません。
　SUM 関数の書式は、「=SUM(数値 1,[数値 2],…)」となります。数値 2 以降は、任意の設定になり、最大で 255 まで指定することができます。

SUM 関数を使った計算

①合計を算出するセルを「アクティブセル」に移動します。（今回はセル H23）

②リボンにある「編集」グループの SUM 関数 Σ アイコンをクリックします。

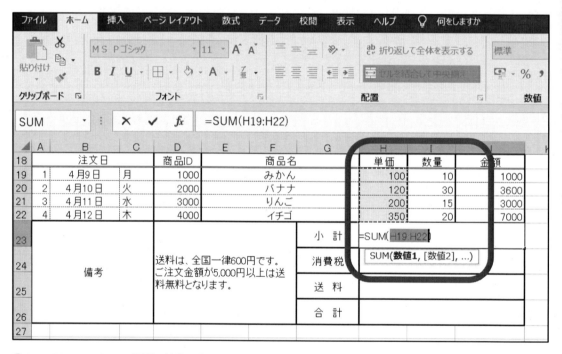

①セル H23 に SUM 関数が挿入されます。
②SUM 関数の引数で指定されている範囲を確認します。（ここでは、H19:H22 と４つのセルを設定）

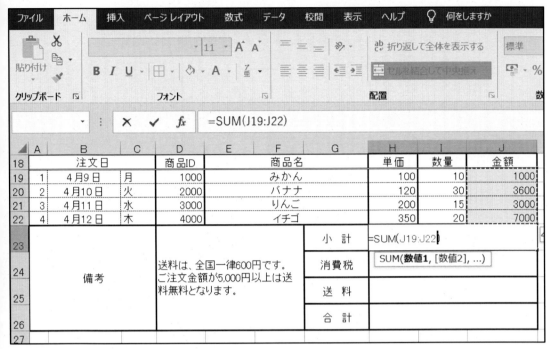

①SUM 関数の引数で指定されている範囲を選択しなおします。（求める合計値のセルを指定）
②Enter キーを押して SUM 関数を確定させます。

18		注文日		商品ID		商品名		単価	数量	金額
19	1	4月9日	月	1000		みかん		100	10	1000
20	2	4月10日	火	2000		バナナ		120	30	3600
21	3	4月11日	水	3000		りんご		200	15	3000
22	4	4月12日	木	4000		イチゴ		350	20	7000
23							小 計	14600		
24		備考		送料は、全国一律600円です。ご注文金額が5,000円以上は送料無料となります。			消費税			
25							送 料			
26							合 計			
27										

小計に合計値が入力されます。

※関数の引数範囲

　SUM 関数などのように引数が範囲指定の場合、Excel が自動的に範囲指定をします。このとき、列の数値入力されたセルを優先的に範囲指定されるため、求めたい値に必要な範囲指定をするとは限りません。指定された範囲が違う場合は、範囲を選びなおす必要があります。

3

請求書の作成

※引数の範囲表示

	A	B
1	1	
2	2	
3	3	
4	4	
5	5	
6	=SUM(A1:A5)	
7	SUM(**数値1**, [数値2], ...)	

	A	B	C
1	1		
2	2		
3	3		
4	4		
5	5		
6	=SUM(A1,A5)		
7	SUM(数値1, **[数値2]**, [数値3], ...)		

範囲指定の表示が「A1:A5」の場合は、A1 から A5 の 5 つのセルを範囲指定しています。

範囲指定の表示が「A1,A5」の場合は、A1 と A5 の 2 つのセルを範囲指定しています。

※オート SUM から挿入できる関数

「オート SUM」アイコンの▼をクリックすると、合計の値を求める以外に様々な数値を求める関数を挿入することができます。（いずれも引数は「範囲」です）

	A	B	C	D
1	平均	数値の個数	最大値	最小値
2	1	1	1	1
3	2	2	2	2
4	3		3	3
5	4		4	4
6	5	5	5	5
7	3	3	5	1

ROUND 関数

Excel では、「ROUND 関数」という、四捨五入をして指定した桁数まで表示する関数があります。ROUND 関数の基本的な書式と機能について説明します。

ROUND 関数は次のように入力します。

「＝ROUND（数値，桁数）

ROUND 関数は、引数の「数値」を「桁数」まで表示するように四捨五入します。引数の桁数は図のような関係になっています。

「桁1」を指定した場合、小数点以下第二位

が四捨五入されて、「桁1」まで表示される。

一の位を「0」として、桁数 0 は、「小数点以下第一位を四捨五入して整数で表示する」ことになります。

　また、小数点以下を表示させたい場合は、桁数「1」を指定すると小数点以下第二位を四捨五入した状態になります。

　ROUND 関数を入力するときは、「数式」のタブを選択し、リボンの「関数ライブラリ」にある「数学/三角」のアイコンをクリックします。関数のメニューリストから ROUND 関数を選択します。

　ROUND 関数は、指定した桁数まで表示するように四捨五入しましたが、切り捨てや切り上げをすることもできます。切り捨ての場合は「ROUNDDOWN 関数」、切り上げの場合は「ROUNDUP 関数」で指定した桁数以下の値を処理することができます。

> ＝ROUNDUP（数値,桁数）　指定した桁数まで切り上げ

> ＝ROUNDDOWN（数値,桁数）　指定した桁数まで切り捨て

ROUNDDOWN 関数を使って計算をします。

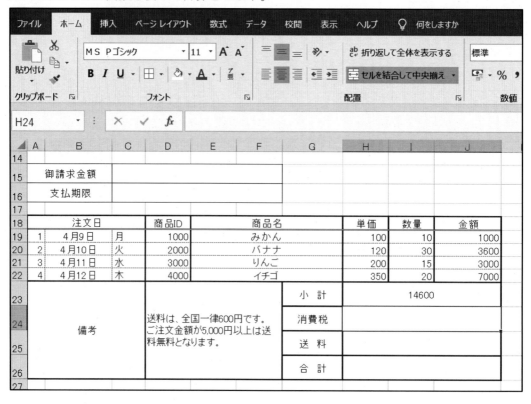

①関数を挿入するセルをアクティブセルにする。（H24 に移動）

②リボンの「関数ライブラリ」にある「数学/三角」のアイコンをクリックします。関数のメニューリストから ROUNDDOWN 関数を選択します。

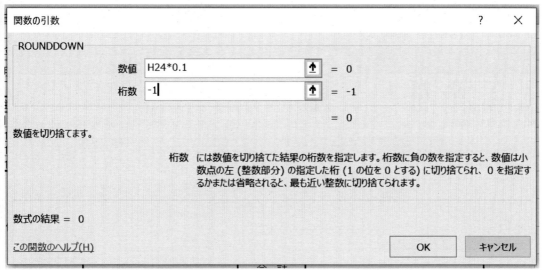

① 「関数の引数」ダイアログボックスが表示されます。

② 数値を入力して指定します。（「H24*0.1」と入力）

③ 桁数を指定する（「−1」と入力）

④ 「OK」ボタンをクリックして実行する。

	注文日		商品ID	商品名	単価	数量	金額
1	4月9日	月	1000	みかん	100	10	1000
2	4月10日	火	2000	バナナ	120	30	3600
3	4月11日	水	3000	りんご	200	15	3000
4	4月12日	木	4000	イチゴ	350	20	7000
	備考		送料は、全国一律600円です。ご注文金額が5,000円以上は送料無料となります。	小　計	14600		
				消費税	1460		
				送　料			
				合　計			

消費税金額が算出され、10円単位以下は切り捨て処理がされます。

IF 関数

IF 関数は論理関数の1つです。論理関数は条件を満たすかどうかを判定し、真（TRUE）もしくは偽（FALSE）を返す関数です。

IF 関数が使われるのは以下のようなケースが一般的です。その他の関数と組み合わせることで活用方法は広がります。

・成績表で合格点以上になっているかどうか確認する

・データから条件に合う数値だけを合計する

・空白かどうかを判定し、入力ミスを発見する

IF 関数は次のように入力します。

「=IF（論理式,真の場合,偽の場合）」

IF 関数を使って送料の表示をします。小計が 5,000 円以上であれば送料を「0」、そうでなければ「600」を表示させます。

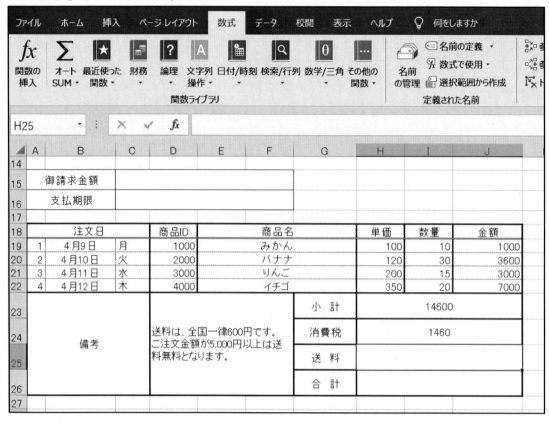

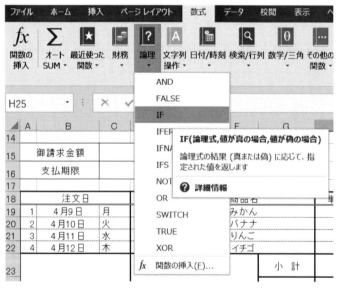

①IF 関数を挿入するセルをアクティブセルに選択します。

②リボンの「関数ライブラリ」にある「論理」のアイコンをクリックします。関数のメニューリストから IF 関数を選択します。

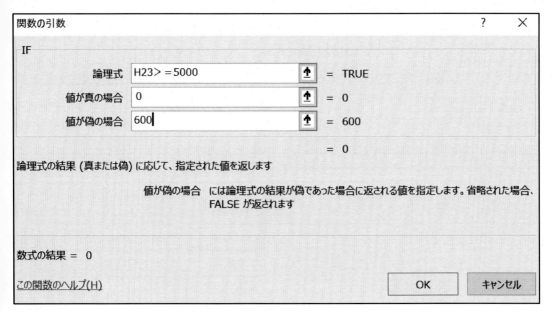

① 「関数の引数」ダイアログボックスが表示されます。

② 論理式を入力して指定します。（「H23＞＝5000」と入力）

③ 値が真の場合を入力して指定します。（「0」と入力）

④ 値が偽の場合を入力して指定します。（「600」と入力）

⑤ 「OK」ボタン をクリックして実行する。

17								
18		注文日		商品ID	商品名	単価	数量	金額
19	1	4月9日	月	1000	みかん	100	10	1000
20	2	4月10日	火	2000	バナナ	120	30	3600
21	3	4月11日	水	3000	りんご	200	15	3000
22	4	4月12日	木	4000	イチゴ	350	20	7000
23						小 計		14600
24		備考		送料は、全国一律600円です。ご注文金額が5,000円以上は送料無料となります。		消費税		1460
25						送 料		0
26						合 計		
27								

送料が算出され、「0」が表示されます。

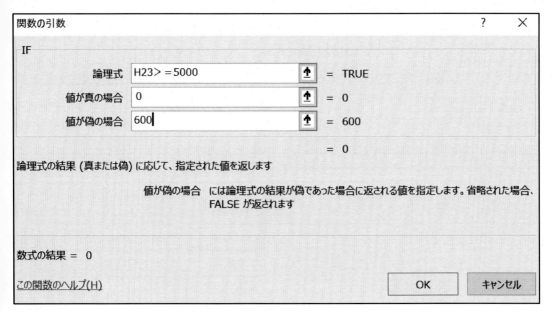

※SUM 関数を使って合計を計算します。

| | | | | | | | | =SUM(H23:J25) | |

	A	B	C	D	E	F	G	H	I	J
14										
15		御請求金額								
16		支払期限								
17										
18		注文日		商品ID		商品名		単価	数量	金額
19	1	4月9日	月	1000		みかん		100	10	1000
20	2	4月10日	火	2000		バナナ		120	30	3600
21	3	4月11日	水	3000		りんご		200	15	3000
22	4	4月12日	木	4000		イチゴ		350	20	7000
23							小　計		14600	
24		備考		送料は、全国一律600円です。ご注文金額が5,000円以上は送料無料となります。			消費税		1460	
25							送　料		0	
26							合　計	=SUM(H23:J25)		
27								SUM(数値1, [数値2], ...)		

17										
18		注文日		商品ID		商品名		単価	数量	金額
19	1	4月9日	月	1000		みかん		100	10	1000
20	2	4月10日	火	2000		バナナ		120	30	3600
21	3	4月11日	水	3000		りんご		200	15	3000
22	4	4月12日	木	4000		イチゴ		350	20	7000
23							小　計		14600	
24		備考		送料は、全国一律600円です。ご注文金額が5,000円以上は送料無料となります。			消費税		1460	
25							送　料		0	
26							合　計		16060	

合計が計算され「16060」が入力されます。

05 見やすい表に編集

　Excel で作成した帳票を編集して、印刷したときに見やすい表示となるよう編集をします。
　まず初めに、数字の表示形式を変更します。数値データは、入力時にカンマや通貨記号などを入力せず、数値のみを入力します。入力後、見やすい表示となるようカンマや通貨記号などをつける表示形式の変更を行います。

（1）カンマをつける

| H19 | | | × | ✓ | *fx* | 100 | | | |

▲	A	B	C	D	E	F	G	H	I	J
17										
18		注文日		商品ID		商品名		単価	数量	金額
19	1	4月9日	月	1000		みかん		100	10	1000
20	2	4月10日	火	2000		バナナ		120	30	3600
21	3	4月11日	水	3000		りんご		200	15	3000
22	4	4月12日	木	4000		イチゴ		350	20	7000
23							小 計	14600		
24		備考			送料は、全国一律600円です。ご注文金額が5,000円以上は送料無料となります。		消費税	1460		
25							送 料	0		
26							合 計	16060		
27										

①数値入力した部分のカンマ設定する範囲を指定します。（セル **H19** から **H26** とセル **I19** から **I22**、セル **J19** から **J22**）

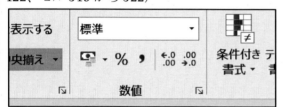

②「ホーム」タブをクリックし、リボンの「数値」グループにあるカンマ **'** アイコンをクリックします。

▲	A	B	C	D	E	F	G	H	I	J
17										
18		注文日		商品ID		商品名		単価	数量	金額
19	1	4月9日	月	1000		みかん		100	10	1,000
20	2	4月10日	火	2000		バナナ		120	30	3,600
21	3	4月11日	水	3000		りんご		200	15	3,000
22	4	4月12日	木	4000		イチゴ		350	20	7,000
23							小 計	14,600		
24		備考			送料は、全国一律600円です。ご注文金額が5,000円以上は送料無料となります。		消費税	1,460		
25							送 料	0		
26							合 計	16,060		
27										

3桁ごとのカンマが表示されました。

（2）通貨記号を表示させます

	A	B	C	D	E	F	G	H	I	J
18		注文日		商品ID		商品名		単価	数量	金額
19	1	4月9日	月	1000		みかん		100	10	1,000
20	2	4月10日	火	2000		バナナ		120	30	3,600
21	3	4月11日	水	3000		りんご		200	15	3,000
22	4	4月12日	木	4000		イチゴ		350	20	7,000
23							小　計		14,600	
24		備考		送料は、全国一律600円です。ご注文金額が5,000円以上は送料無料となります。			消費税		1,460	
25							送　料		0	
26							合　計		16,060	

①通貨記号を表示させるセルを範囲指定します。（セル H19 から H26 とセル J19 から J22）

②「ホーム」タブをクリックし、リボンの「数値」グループにある貨幣アイコンをクリックします。

	A	B	C	D	E	F	G	H	I	J
18		注文日		商品ID		商品名		単価	数量	金額
19	1	4月9日	月	1000		みかん		¥100	10	¥1,000
20	2	4月10日	火	2000		バナナ		¥120	30	¥3,600
21	3	4月11日	水	3000		りんご		¥200	15	¥3,000
22	4	4月12日	木	4000		イチゴ		¥350	20	¥7,000
23							小　計		¥14,600	
24		備考		送料は、全国一律600円です。ご注文金額が5,000円以上は送料無料となります。			消費税		¥1,460	
25							送　料		¥0	
26							合　計		¥16,060	

通貨記号の¥マークが表示されます。

（3）結合したセルの表示位置を合わせる

　Excel では、複数のセルを結合させる機能がありますが、セルを結合させると自動的に入力されたデータの数値や文字列が中央揃えになります。

　見やすい表示となるよう、配置を変更します。

	注文日		商品ID	商品名			単価	数量	金額
18									
19	1	4月9日	月	1000	みかん			¥100	10	¥1,000
20	2	4月10日	火	2000	バナナ			¥120	30	¥3,600
21	3	4月11日	水	3000	りんご			¥200	15	¥3,000
22	4	4月12日	木	4000	イチゴ			¥350	20	¥7,000
23	備考			送料は、全国一律600円です。ご注文金額が5,000円以上は送料無料となります。		小 計		¥14,600		
24						消費税		¥1,460		
25						送 料		¥0		
26						合 計		¥16,060		

①配置変更をしたいセルを範囲指定します。（セル H23 から H26）

②「ホーム」タブをクリックし、リボンの「配置」グループにある右揃えアイコンをクリックします。

	注文日		商品ID	商品名			単価	数量	金額
18									
19	1	4月9日	月	1000	みかん			¥100	10	¥1,000
20	2	4月10日	火	2000	バナナ			¥120	30	¥3,600
21	3	4月11日	水	3000	りんご			¥200	15	¥3,000
22	4	4月12日	木	4000	イチゴ			¥350	20	¥7,000
23	備考			送料は、全国一律600円です。ご注文金額が5,000円以上は送料無料となります。		小 計				¥14,600
24						消費税				¥1,460
25						送 料				¥0
26						合 計				¥16,060

小計、消費税、送料および合計の数値が、全て右揃え表示されます。

（4）ページレイアウトを整える

Excel で入力した表をそのまま印刷や他のアプリケーションに変換すると、レイアウトの設定によって表示が崩れることや、ページが分割されてしまうことがあります。

入力した内容で印刷、表示されるようページレイアウトの確認と調整を行います。

Excel シートの右下にあるページレイアウトボタンをクリックします。

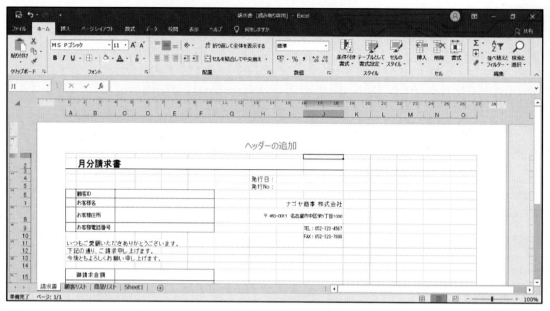

①設定されているページレイアウト通りのレイアウトが画面に表示されます。（A4 横）

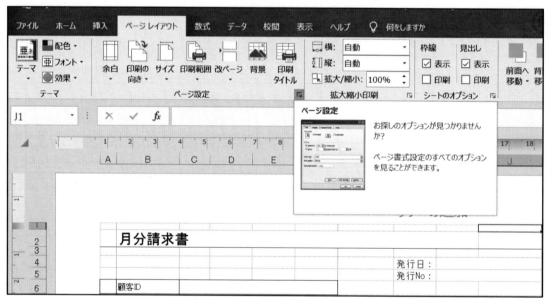

①「ページレイアウト」タブをクリックして、リボンの「ページ設定」グループのダイアログボックス起動ボタンをクリックします。

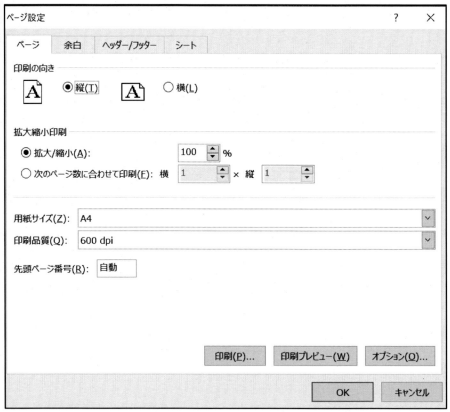

① 「ページ設定」のダイアログボックスの「ページ」の「印刷の向き」を「縦」に設定します。

② 「印刷プレビュー」のボタンをクリックして、帳票のレイアウトを確認します。

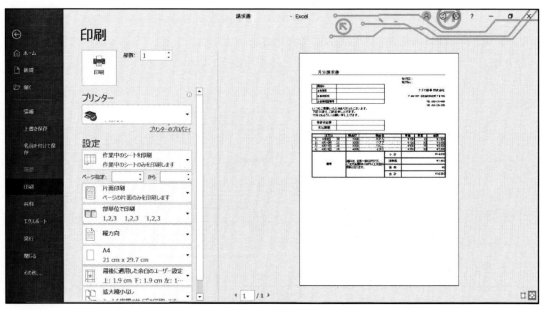

① ページレイアウトが整っていれば、[Esc] キーを押してワークシートに戻ります。

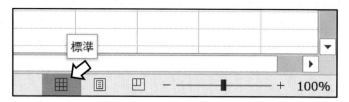

右下の「標準」ボタンをクリックして、表示画面を通常のワークシートに戻します。

06 応用的な関数の利用

（1）VLOOKUP 関数

　Excel では、VLOOKUP（ブイルックアップ）関数を使って、一覧表から条件にあう値に対応するデータを簡単に入力できます。

　例えば、

・繰り返し複数の商品名を入力したい

・名前を繰り返し間違えずに入力しなければならない

・商品名や価格を素早く入力したい

　このようなときに、VLOOKUP 関数では、一覧表から条件にあう値に対応するデータを自動的に入力することができます。

　VLOOKUP 関数の基本的な書式と機能について紹介します。VLOOKUP 関数は次のように入力します。

「=VLOOKUP（検索値，範囲，列番号，検索方法）」

　VLOOKUP 関数は、「検索値」に入力された値を「範囲」の中からみつけ、検索値に対応する列番号のデータを表示させることができます。

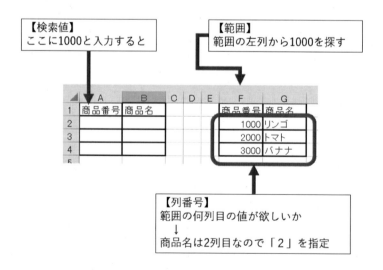

※範囲

数式コピーの場合、範囲は常に同じ場所を参照する必要があるので絶対参照指定にします。

【絶対参照】

特定のセルを固定して参照する方法を絶対参照といいます。行番号や列番号の前に「$」記号を付けることで参照が固定になります。「$」記号を付けるには、セル番地を入力状態にしてキーボードの［F4］を押します。

※検索の型

【完全一致】

false または 0 指定（商品番号「1000」に対する商品名は「リンゴ」。商品番号「1001」はエラーになる。

【不完全一致】

true または 1 指定または省略。例えば、

「ポイント」10 以上 50 未満の場合「割引額」1000 円

「ポイント」50 以上の場合「割引額」2000 円

といったあいまいな検索も可能になる。

ポイント	0 以上 10 未満	10 以上 50 未満	50 以上
割引額	0	1,000	2,000

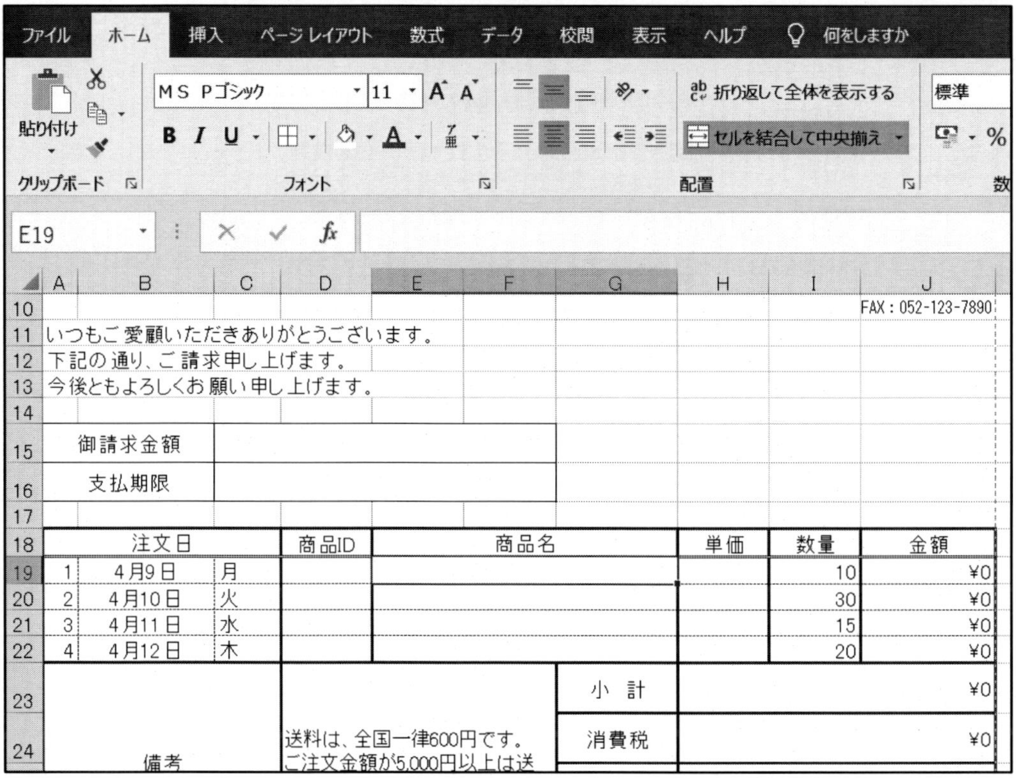

①VLOOKUP 関数を挿入するセルを選択します。（セル E19）

②リボンの「関数ライブラリ」にある「検索/行列」のアイコンをクリックします。関数のメニューリストから VLOOKUP 関数を選択します。

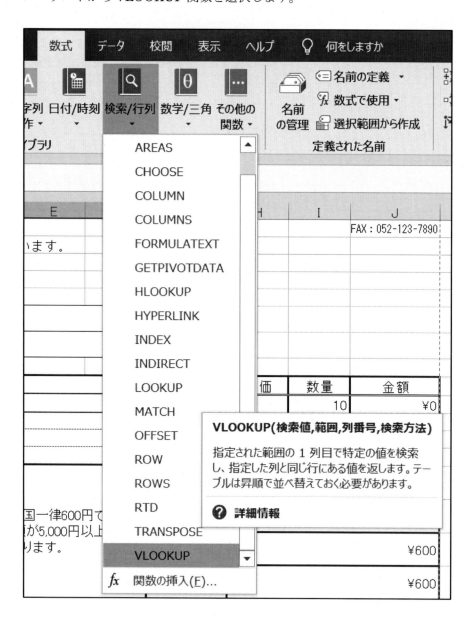

「関数の引数」ダイアログボックスが表示されます。

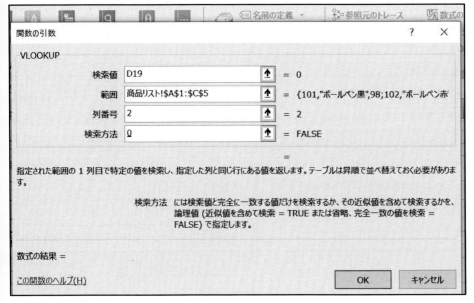

① 「検索値」を指定します。(「D19」)

② 「範囲」を指定します。※絶対参照指定 (「商品リスト」の「A1」から「C5」)

③ 「列番号」を指定します。(「2」)

④ 「検索方法」を指定します。(「0」)

⑤ 「OK」をクリックします。

18	注文日			商品ID	商品名	単価	数量	金額
19	1	4月9日	月		#N/A		10	¥0
20	2	4月10日	火				30	¥0
21	3	4月11日	水				15	¥0
22	4	4月12日	木				20	¥0
23						小　計		¥0
				送料は、全国一律600円です。	消費税		¥0

① #N/A と表示されます。

※ #N/A とは、ノーアサインの意味で、参照先のセルに数値がないときに表示されるエラー値です。

18	注文日			商品ID	商品名	単価	数量	金額
19	1	4月9日	月	101	ボールペン 黒		10	¥0
20	2	4月10日	火				30	¥0
21	3	4月11日	水				15	¥0
22	4	4月12日	木				20	¥0
23						小　計		¥0
				送料は、全国一律600円です。	消費税		¥0

① セル D19 に商品 ID を入力する。(「101」)

② 商品名のセルに該当する商品名が表示される

3

請求書の作成

TRY!

【練習課題1】

		注文日		商品ID	商品名	単価	数量	金額
17								
18		注文日		商品ID	商品名	単価	数量	金額
19	1	4月9日	月	101	ボールペン黒	¥98	10	¥980
20	2	4月10日	火				30	¥0
21	3	4月11日	水				15	¥0
22	4	4月12日	木				20	¥0
23	備考		送料は、全国一律600円です。ご注文金額が5,000円以上は送料無料となります。		小　計			¥980
24					消費税			¥90
25					送　料			¥600
26					合　計			¥1,670

①商品 ID を入力したら、「単価」が表示されるように VLOOKUP 関数を挿入しましょう。

②行番号 20 から 22 まで数式をコピーして、商品 ID を入力しましょう。

【練習課題2】

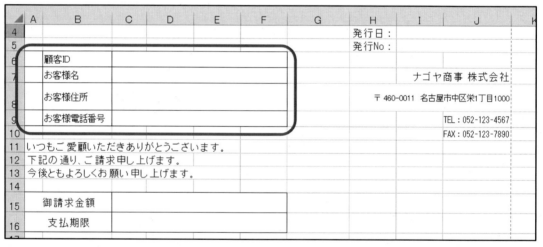

①VLOOKUP 関数を挿入して、「顧客 ID」、「お客様名」、「お客様住所」、「お客様電話番号」のデータを表示しましょう。

※「顧客リスト」の表を使用すること。

（2）EOMONTH 関数

EOMONTH 関数を使うと、任意の日から指定月後の月末の日付を表示させることができます。請求書を Excel で作成した際、請求日を起点に振込期限を表示したい場合などに便利な関数です。

EOMONTH 関数は次のように入力します。

「=EOMONTH（開始日，月）」

①EOMONTH 関数を挿入するセルを選択します。（セル C16）

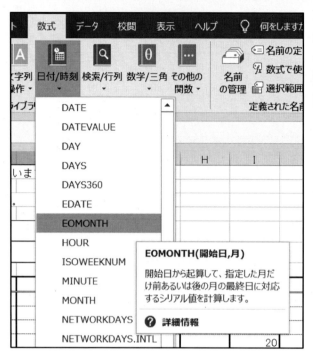

②リボンの「関数ライブラリ」にある「日付/時刻」のアイコンをクリックします。関数のメニューリストから EOMONTH 関数を選択します。

「関数の引数」ダイアログボックスが表示されます。

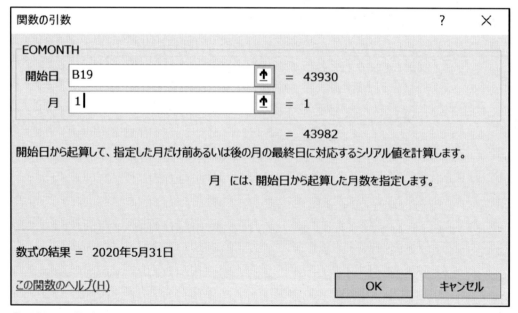

①開始日を指定します。（セル B19）
②月を指定します。（「1」）
③「OK」ボタンをクリックして実行します。

▲	A	B	C	D	E	F	G	H	I
11	いつもご愛顧いただきありがとうございます。								
12	下記の通り、ご請求申し上げます。								
13	今後ともよろしくお願い申し上げます。								
14									
15		御請求金額							
16		支払期限		2020年5月31日					
17									

請求書発行月の末日が表示されます。

TRY!

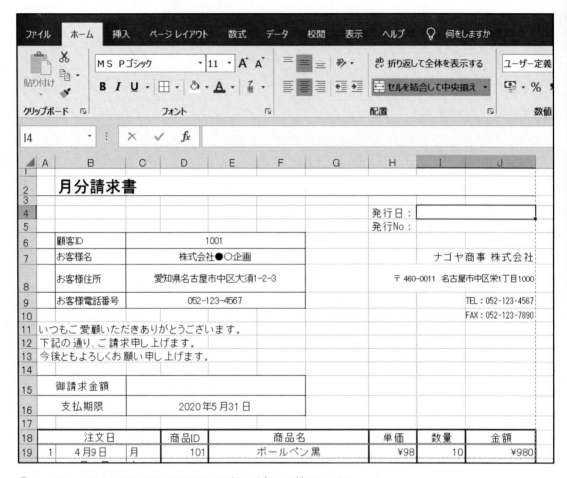

①セル I4 の発行日を EOMONTH 関数の挿入で算出しましょう。

※発行日は月末締めの翌月 1 日付けにするものとします。

例えば、明細行に「4 月 1 日」とあれば 4 月末締め、発行日は 5 月 1 日となります。

（ヒント）翌月の 1 日とは、当月末に＋1 日です。

（3）セルのリンク

　Excel では、別のセルの値を参照するリンク設定が可能です。

セル H26 の合計値がセル C15 のご請求金額に表示されるようにリンク設定をします。

①リンク設定をするセルを指定して選択します。（セル C15）

②セル C15 に「＝」を入力します。

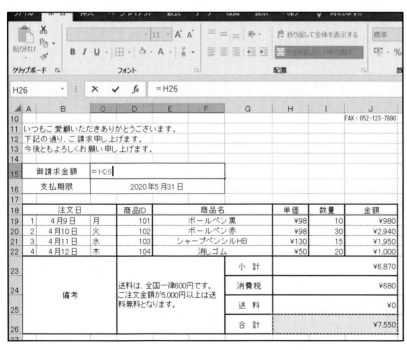

①参照するセルを指定してクリックします。（セル H26）

① ［Enter］キーを押して確定、実行します。

②セル C15 にセル H26 の値がリンクして表示されます。

OnePoint

便利なショートカット(Excel 編)

Ctrl+Z	直前の動作のやり直し
Ctrl+S	保存
Ctrl+A	全選択
Ctrl+X	切り取り
Ctrl+C	コピー
Ctrl+V	貼り付け
Ctrl+G	ジャンプ
Ctrl+F	検索
Ctrl+H	置換
Ctrl+L	テーブル作成
Shift+F3	関数の挿入
Ctrl+Home	A1 セルへ移動
Ctrl+PageUp	前のシートへ移動
Ctrl+PageDown	次のシートへ移動
Alt+Enter	セル内での改行
Alt 長押し	ショートカットキーの表示
Ctrl+D	上のセルのコピー
Ctrl+L	テーブルの作成
Ctrl+R	左隣のセルのコピー
F4	絶対参照／相対参照の切替
Win+D	デスクトップ表示
Win+Tab	作業ウィンドウの切替

著者紹介

寺澤 進吾（てらざわ しんご）

　オフィス キーウエスト　代表

　経営コンサルタント

　1965 年岐阜県生まれ。帝京大学卒業後、アメリカ留学を経て総合商社に入社。

　2005 年独立創業。経営戦略に基づく財務、人事、IT、物流の複合業務を融合した企業マネジメントによる経営の課題解決と企業成長の支援を行っている。近年は、企業の人事労務マネジメントの最適化を担い人材の採用・教育・育成と組織開発に注力して活動中。

職業訓練法人Ｈ＆Ａ　売上管理実習

2021年4月1日	初 版 発 行
2023年4月1日	第三刷発行

著 者　寺澤 進吾

発行所	職業訓練法人Ｈ＆Ａ	
	〒472-0023 愛知県知立市西町妻向14-1	
	TEL 0566(70)7766	
	FAX 0566(70)7765	
発 売	株式会社　三恵社	
	〒462-0056 愛知県名古屋市北区中丸町2-24-1	
	TEL 052(915)5211	
	FAX 052(915)5019	
	URL http://www.sankeisha.com	

ISBN978-4-86693-417-4